東大法学部という洗脳

昭和20年8月15日の宮澤俊義

倉山満
Kurayama Mitsuru

ビジネス社

はじめに〜ほら、宮澤俊義《みやざわとしよし》は生きている！

本書は、ホラーです。本書を読み進めていくうちに、日本国に込められた呪《のろ》いの恐ろしさに気づくでしょう。今も我々は呪いにかかっているのです。宮澤俊義がかけた呪いに。

生前の宮澤俊義は、東京大学法学部教授として憲法学を教えていました。東大憲法学と呼ばれる、今の日本国憲法の解釈の骨格をつくりました。今は、宮澤の弟子の芦部信喜《あしべのぶよし》、孫弟子の高橋和之の教科書が日本で最も使われている憲法学の教科書です。

これが何を意味するか？　何か関係があるのか？

日本人である限り、宮澤の呪いから逃れられないということです。

簡単なお話をしましょう。日本国で行われている、あらゆる試験が宮澤憲法学の支配下にあるということです。もはや、〝宮澤様〟と崇め奉りたくなるほどに。

まず、日本で一番難しい試験といわれる司法試験では、最初に憲法を勉強しなければなりません。六法と言えば、憲法・刑法・刑事訴訟法・民法・商法・民事訴訟法のことですが、その筆頭が憲法です。憲法が他の五法の上にあるのです。裁判官、検事、弁護士になりたければ、他の五法の前に宮澤様の考えた憲法学を学ばねばなりません。

公務員試験でも憲法は必須《ひっす》です。中央省庁に入って高級官僚になるには国家公務員採用総合職試験に合格しなければなりませんし、一流官庁に入って日本を動かそうと思えば上位で受からねばなりません。その試験で憲法は必須、頻出です。

地方公務員も同じ。地元の名門校から国立大学を出て県庁に就職する、いわゆる「県庁さん」と言えば地方の名士です。「県庁さん」になるにも、宮澤様の考えた正解を答えねばならないのです。

教員採用試験も、また同じ。つまり、日本のリーダーになるには、宮澤様が考えた「宮澤憲法学」を学ばねばならないのです。正確に言えば、今は宮澤の弟子&孫弟子の書いた教科書を学ばねばならないのですが。

こういう話を聞くと、「それ、文系の話でしょ?」と思ったアナタ! 甘い!

中学入試から大学入試まで、憲法の問題は頻出です。特に偏差値が高い私立中学では、「日本国憲法の条文穴埋め」が頻出です。

ここで仮の話、頭の体操として、宮澤の呪いを逃れながら日本のリーダーになる方法、そうした人物像を考えてみます。

小中学校は公立に通う。今の公立小中学校なんて学級崩壊や不祥事は日常茶飯事、それが嫌で金のある親は子供を私立に行かせたがるのですが、そこを何とか乗り切りましょう。高校は私立で、英数国の三科目受験。ちなみに、中学を国語と算数の二科目受験で乗り切った場合も、同じルートに合流します。図に書くと左の通りです。

小学校（公立）→受験なし→	中学校（公立）→三科目受験→	高校（私立）
小学校（公立）→二科目受験→	中学校（私立）→受験なし→	高校（私立）

さて大学入試では、英数理の理系三科目受験を選びます。ここまで受験で社会をいっさい勉強しませんでした。

では、宮澤憲法学の影響を受けないでいられるか。

たとえば、お医者さんになろうとします。

世界中の、少なくとも文明国の医療従事者は、全員が「ヒポクラテスの誓い」を行います。ヒポクラテスとは紀元前五世紀頃の古代ギリシャの医者で、それまでの呪術《じゅじゅつ》と間違えてしまうような医療ではない科学的な治療を施したことから、「医学の祖」と言われます。ヒポクラテスの提唱した医師の職業倫理が「ヒポクラテスの誓い」と呼ばれます。一部抜粋します。

・私は能力と判断の限り患者に利益すると思う養生法をとり、悪くて有害と知る方法を決してとらない。
・頼まれても死に導くような薬を与えない。それを覚らせることもしない。
・いかなる患家を訪れる時もそれはただ病者を利益するためであり、あらゆる勝手な戯《たわむ》れや堕落の行いを避ける。

要するに、「医者は人の命と健康を助ける職業だ」という倫理を唱えています。人類史上、この建前を否定した人を知りません。世の中には『白い巨塔』の財前五郎《ざいぜんごろう》のような、権威と権力と金と女が大好きな悪徳医者はいるかもしれません。『白い巨塔』というのは山崎豊子さんの小説で何度もドラマ化されているので、ご存じの方は多いでしょう（どうでもいいですが、私は田宮二郎版が一番好きです）。しかし、その財前とて「医師とは人の命を救う職業だ」という建前は否定していません。

ところが、宮澤憲法学は「ヒポクラテスの誓い」を否定してしまいました。医師になるためには国家試験を受けねばなりませんが、その前にも多くの必須試験があります。病院実習に参加するにあたり受験するＣＢＴという試験で解く問題です。

（問）
患者が宗教上の理由で肝臓腫瘍《しゅよう》手術の際に必要な輸血を拒んでいる。対応として誤っているものはどれか。

a　輸血が必要な状況を詳しく説明する
b　輸血の代替手段を考える
c　緊急事態に陥ったときには輸血する
d　無輸血治療の方針や、急変時の対応などを説明する
e　輸血拒否の承諾書を得る

正解はｃです。以下、解説です。

医師らが患者の肝臓の腫瘍を摘出するために、医療水準に従った相当な治療をしようとすることは、人の生命および健康を管理すべき義務に従事する者として当然といえる。しかし、患者が輸血を伴う医療行為を拒否するとの明確な意思を有している場合、このような意思決定をする権利は、人格権の一内容として尊重されなければならない。

要するに、「本人が死にたがっている場合は、死なせてやれ」です。なぜそんな教育をしているかと言えば、最高裁がそういう判決を下しているからです。仮にある医者が「自分は目の前の患者を助けたい！」と輸血をしたとしましょう。助かった患者から多額の賠償請求をされるでしょう。裁判所は医者の味方をしてくれません。なぜかと言うと、そういう最高裁の判例があるからです。最高裁の判決というのは、法律と同じ効力を持つと思ってください。なぜそんな判決が下るかというと、もとをたどれば裁判所も宮澤憲法学の価値観に縛られているからです。

日本国で生きている以上、どこまで行っても宮澤様の呪いから逃れられないのです。

しかし、いつまでもそれでいいのか？

我々日本人はいまだ、宮澤俊義の呪いの中で生きているのです。ならば、宮澤がかけた呪いの正体を解き明かすことが、解決の道ではないのか？

そんな思いで筆をとりました。

恐怖と向き合う勇気ある日本人に向けて、本書を贈ります。

東大法学部という洗脳

——昭和20年8月15日の宮澤俊義——

目次

第二章　宮澤憲法学の呪い

第三章　宮澤憲法学を理解する五つの論点

序章　なぜ今、宮澤俊義なのか？

遠いようで近い、アナタの身近に迫る憲法学

日頃、憲法のことをあまり気にかけたことのない人は、「憲法学なんて、なんだか難しそうだ」と思うでしょう。実際、憲法学者の言っていることなど訳がわかりません。たぶん、言っている本人たちも自分が何を言っているかわかっていません。

本章は現在の主流の憲法学である東大憲法学の〝開祖〟である宮澤俊義先生様の教えを読み解きます。どうでもいいですが、〝先生様〟というのは、ハングルにだけある敬称です。

日本国憲法は日本が戦争に負けた時に、占領軍総司令官ダグラス・マッカーサーが押し付けてきました。その草案を書いたのが、チャールズ・ケーディスです。それを経典として整備したのが宮澤先生様です。

これをキリスト教でたとえると、「マックがキリスト、ケーディスがペテロ、宮澤がパウロ」です。全世界のクリスチャンのみなさんに失礼なたとえをしてしまいましたが。

ちなみにキリストは死ぬまで、自分をキリスト教の創始者とは思っていません。キリストは飽くまでユダヤ教の改革者の立ち位置でした。ペテロは十二使徒と呼ばれる高弟たち

日本国憲法の系譜

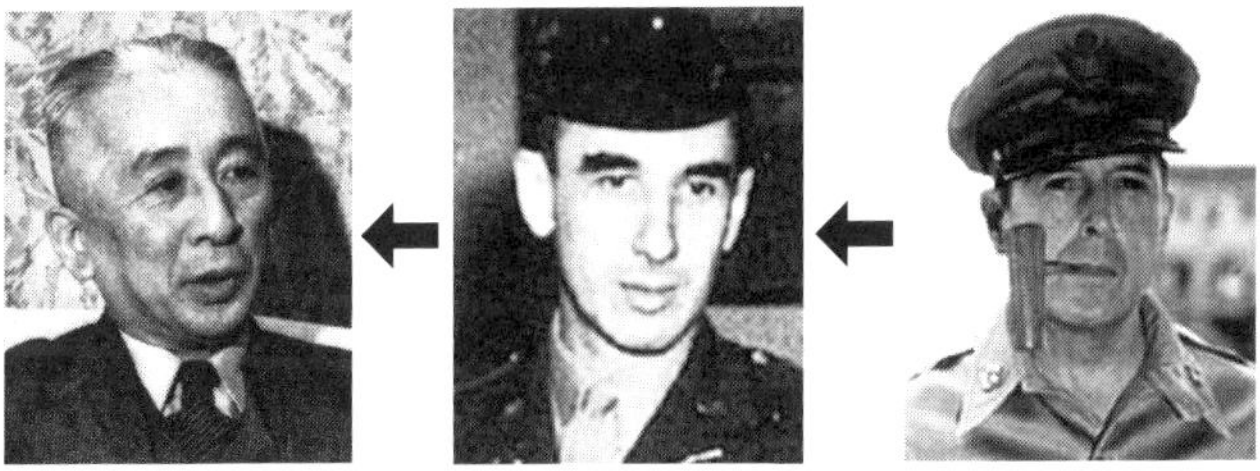

宮澤俊義（開祖）　←　チャールズ・ケーディス（神官）　←　ダグラス・マッカーサー（神）

のうち、キリストの筆頭弟子です。パウロは初代ローマ教皇に比せられる人で、ユダヤ教から独立した「キリスト教」の教えを整備した人です。我々が想像するキリスト教を実質的に創始したのは、パウロなのです。

大体の成功する宗教は、開祖がいて、殉教者がいて、三代目くらいに固まるものです。だから、実質的な開祖は三代目くらいになるものです。

これを創価学会に当てはめると、「初代会長の牧口常三郎《まきぐちつねさぶろう》がキリスト、二代目の戸田城聖《とだじょうせい》がペテロ、三代目の池田大作がパウロ」になります。創価学会は殉難に耐え、三代目の今は日本最強の宗教団体にまでのし上がりました。

さらに言うと、オウム真理教は初代の麻原彰晃《あさはらしょうこう》はともかく、上祐史浩《じょうゆうふみひろ》がペテロとパウロを兼ねるようなところがありましたから、失敗しました。成功されても困りますが。

しかし、東大憲法学はオウム真理教どころではなく危険です。そして大成功しています。だから知ってほしいのですが、本書で扱う東大憲法学は学問ではありません。東大憲法学は宗教なのです。しかもカルト宗教です。

あらゆるカルト宗教は訳のわからない屁《へ》理屈を並べて学問の体裁を装いますが、東大憲法学も同じです。

普通の日本人は「東大」と付くと、それこそ秀才英才の類が扱っているものだから、なおさら難しいのではないかと脇に置いてしまう人もいると思います。たいていの日本人にとって憲法とは「よくわからないもの」です。憲法論議を指して「神学論争」と呼ばれることもあります。言い得て妙です。日本国憲法はカルト宗教の経典、それを解釈した東大憲法学は教義なのですから。

問題は、護憲派とか改憲派とか関係なく、自分たちが議論している憲法とは何なのかを理解していないから、聞いている方がわかる訳がないのです。

憲法学は、文字通り憲法に関する学問です。条文の解釈から、憲法と社会の関係、各国憲法の比較、憲法の成り立ちを追う憲法史、過去の学説をたどる憲法学説史といったものを含む、それらすべてが憲法学です。それらの研究によって見出された理論を学説といいます。「東大憲法学」というのは、東京大学の先生たちが積み重ねてきた憲法学説ということです。

　また特色の大きな、確立された学説に対しては、学説を立てた学者の名前に「憲法学」をつけて呼ぶこともあります。「宮澤憲法学」「芦部憲法学」といった具合です。

　宮澤というのは本書の主人公の宮澤俊義のこと。「悪い奴」です。少し憲法をかじった人は宮澤のことを「悪い奴」と思っていますが、とんでもない。極悪人です。本書では宮澤がタダのワルではなく、実に頭の良い極悪人だったという話をします。今も日本人の大半を洗脳しています。

　芦部というのは、その弟子の芦部信喜のことです。コッチは「頭の悪い奴」です。あんまり語るに値しませんので、必要な時だけテキトーに言及します。

　東大憲法学の学説は、戦前と戦後で大きく異なります。比較と理由は縷々《るる》説明していきますが、戦後の憲法学の特色で代表的なものを三つ挙げると、「人権尊重」「八月革命説」「天皇ロボット説」です。

　今まで憲法学に触れたことのない人は、「人権尊重」はよく言われているから何となくわかるけれども、後の二つは一体何だろう？　と思うような言葉です。いずれも、我々の生活に深く関わっているものです。

「人権尊重」は、他の何をおいても人権が大切なのだという考え方です。日本国憲法ができた時から、そう説明され続けています。「それの何が悪いの？」と思った時点でアナタは洗脳されています。オウム真理教の信者が気持ちの悪いヘッドギアを着けていたのと同じです。

「八月革命説」は、昭和二十（一九四五）年八月十五日に革命が起こって「国民主権」となったとする説です。学校では、「人権尊重」と「国民主権」の二つに「平和主義」を加えて、日本国憲法の三大原理と教えられます。

国民主権と関係のある「天皇ロボット説」は、「天皇はめくら判をおすロボット」とする説です。「めくら判」は今では放送禁止用語で、出版界でも禁句です。たいていの出版社では、「めくら判」との表現には、「めくら判《ママ》」とか「めくら判《原文ママ》」のようにルビを振って、「俺が言ったんじゃねえよ」という配慮をしなければなりません。

「俺が言ったんじゃねえよ」というのは私の魂の叫びでもあって、宮澤の表現だから変えようがないのです。以下、証拠。

天皇の国事行為に対して、内閣の助言と承認を必要とし、天皇は、それに拘束される、とすることは、実際において、天皇を、なんらの実質的な権力をもたず、ただ内閣の指示にしたがって機械的に「めくら判」をおすだけのロボット的存在にすることを意味する。

（宮澤俊義著、芦部信喜補訂『全訂　日本国憲法』、日本評論社、一九七八年、七四頁）

宮澤の「天皇はめくら判をおすロボット」との表現は憲法学では常識で、世の中あまりにも有名な話の出典というのは意外と見つからないもので、必要があって探したときは焦りました。当時勤めていた国士舘大学は、さすがに大正時代に（ロシア革命と戦うために結成されたのは内緒だ）設立された大学だけあって、図書館の蔵書量は立派でした。国士舘の図書館には宮澤の著作がズラリと並んでいるのですが、「どうせ、そんな馬鹿な表現、どっかのエッセーにでも書いていたんだろう」とそれっぽいのから探していったら、ない！　半ばあきらめかけて「まさか、これにだけは書いてないだろう」と思っていたら、大学の授業で使う教科書に書いてありましたというオチです。

最近、天皇陛下の譲位が行われ、改元も行われました。すべて「天皇ロボット説」に基づいてです。宮澤説は、政府見解なのです。なぜそうなるかというと、安倍晋三首相がバカだからです。ではなく、世の学歴秀才が習う「正解」は、元をたどれば宮澤先生様の教えに行きつくからです。高級官僚が「これが正解です。天皇はロボットです」と言い切ってしまえば、官僚より勉強ができない政治家は逆らえないのです。

の序列なのです。安倍首相などはまだ官僚に抵抗しようとした方で、目も当てられなかった筆頭は田中角栄です。最初から自分が洗脳されていることに疑問すら持たず、いいように操られました。ちなみに、天皇ロボット説が政府見解になるのは田中内閣です。

昔の憲法学者は立派だった

宮澤俊義は、大東亜戦争を挟んで戦前・戦中・戦後の三つの時代にまたがる憲法学者です。

戦前は、「天皇機関説」で有名な美濃部《みのべ》達吉《たつきち》のもとで学び、大正リベラリズムの中で学究の道を歩みました。

余談ですが、「大正デモクラシー」の語は馴染みがあるでしょうが、これは戦後の造語です。歴史家の信夫清三郎《しのぶせいざぶろう》が大正時代の政治史の研究成果を『大正デモクラシー史』（全三巻、日本評論新社、一九五四〜五九年）にまとめ、用語として定着する契機となりました。

大正リベラリズムは、社会状況としては事実上、明治四十（一九〇七）年に始まり、大

吉野作造
大正デモクラシーの寵児

美濃部達吉
天皇機関説で迫害された宮澤の先生

正期の二度にわたる憲政擁護運動が展開されます。この間、言論界で一躍、時代の寵児《ちょうじ》となったのが吉野《よしの》作《さく》造《ぞう》でした。もっとも有名な論文『憲政の本義を説いて其《その》有終の美を済《な》すの途《みち》を論ず』が雑誌『中央公論』に掲載されたのは、大正五（一九一六）年のことです。

戦前の日本は、「明治憲法によって天皇が権力を持っていて、人権が蔑《ないがし》ろにされた」などと、雑なひと括りで語られることがあります。これは、憲法そのものと、憲法条文の解釈、実際の運用の結果をゴチャマゼにした妄説です。

戦前の憲法は、運用が重視されていました。大日本帝国憲法は、インターネットでも条文を読むことができます。これまで読んでみたことのない方は『口語訳日本国憲法・大日本帝国憲法』（KADOKAWA新人物文庫、二〇一五年）でごく簡単な解説をつけて、日本国憲法と比較したので手に取ってみて下さい。帝国憲法では、必要な条文がシンプルに記されていることがわかると思います。こうした憲法を「簡文憲法」、日本国憲法のような細かなことまで条文として書いている憲法を「繁文憲法」といいます。

現代の憲法学に慣れた目で見ると、帝国憲法のように余計なことを書かない憲法の場合、一体どうやって細かなことを規定するのだろうと思いがちです。細かい事柄は、憲法の条文に書きこまず法律で規定しているのです。また、政治や議会では、「憲政の常道」が成立します。「憲政の常道」は、選挙で勝った政党が内閣を組織するという議会運営の規律です。条文に細かなことを書いていなくても、何度も繰り返されることで、みんなが遵守《じゅんしゅ》していて破れない慣習のことです。現在の日本国憲法では、この慣習を条文化し、日本国憲法第六十七条に書き込んでいます。

憲政の常道は、第二十四代加藤高明《かとうたかあき》内閣から第二十九代犬養毅《いぬかいつよし》内閣成立まで続きました。この間は、政友会と民政党の二大政党が交互に内閣を組織しています。

宮澤俊義は、この時代に東大を卒業します。美濃部達吉の助手から始まり、それ以後は戦中から戦後にわたって長く学生に憲法を教授しました。戦前から戦中は、美濃部達吉の学説を引き継いでいます。

憲法学説が重要な理由

戦後の憲法学は東大の学説であるばかりでなく、現在の日本政府の憲法解釈となっています。政府が何か施策を行う時、あるいは政治家が政策を実現しようとする時には、法律の裏付けが必要です。必要な法律がない場合は、新しく法律がつくられます。

現在、国会に提出される法案は、年間百件以上、多い時にはおよそ二百件にものぼります。国会の開催回によっては、政府提出の閣法が国会議員の提出する議員立法を成立件数で上回ることもあります。提出された法案のうち、どのくらいの法律が成立するかというと、閣法の成立率は八割から九割、議員立法の成立率は約二割ほどです。

政府が法案を提出する時に、憲法に適っているかを審査するのが内閣法制局です。内閣法制局の役割は、次のようになっています。

内閣法制局設置法

第三条　内閣法制局は、左に掲げる事務をつかさどる。

一　閣議に附される法律案、政令案及び条約案を審査し、これに意見を附し、及び所要の修正を加えて、内閣に上申すること。
二　法律案及び政令案を立案し、内閣に上申すること。
三　法律問題に関し内閣並びに内閣総理大臣及び各省大臣に対し意見を述べること。
四　内外及び国際法制並びにその運用に関する調査研究を行うこと。
五　その他法制一般に関すること。

内閣法制局長官は、国会審議で大臣に陪席し、時には法律問題について直接答弁を行うこともあります。阪田《さかた》雅裕《まさひろ》元内閣法制局長官は、新しくつくられる法律の憲法適合性を重視し、政府を憲法から逸脱させないために、憲法の理解と、しっかりした憲法解釈が必要だと内閣法制局の役割を説明しています（『「法の番人」内閣法制局の矜持《きょうじ》』大月書店、二〇一四年）。

政治家が好き勝手なことをして、法律がメチャクチャになってはいけないのは当然です。たとえば、宮澤が生きた時代のナチス・ドイツです。国民から選ばれたことを根拠に、当時のヴァイマール憲法を無効化し、ナチ党は一党独裁を行います。その結果、多くの人を大量に処刑する暴挙がまかり通りました。

宮澤俊義は、この当時のことをリアルタイムで見ています。当時、ナチ党の行為を正当化する憲法学説があることを論文でも取り上げています。国家の舵取《かじと》りの基礎となる憲法学説は、とても重要なのです。

政府の憲法解釈を担う内閣法制局には、霞が関の主要な省庁から、選りすぐった法律のエキスパートが集められます。少数精鋭の専門家集団です。内閣法制局が政府に提出する上申や、法律問題に対する意見には、本来は裁判所判決のような法的拘束力はありません。ところが実際は、その論理は政府見解となり、歴代内閣が踏襲することによって、その見解をもとにたくさんの法律ができていくことになります。そうした積み重ねで、法律ではない談話や政府見解が一定の拘束力を持つようになるのです。

建前は法律をつくるのは国会ですが、選挙の片手間に政治をやっているだけの国会議員には、官僚に対抗できる法律の知識はありません。最も無残なのが自民党で、官僚機構をシンクタンクとして重宝しています。自民党議員の評価ポイントは、「官僚の言うことを実現してやるのが実力者」「官僚が情報を持ってくるのが優秀な政治家の証」です。これでは官僚の言いなりにしか法律はつくれません。その官僚の頂点に位置するのが内閣法制局です。

官庁の中の官庁と言えば財務省、特に予算をつかさどる主計局です。「我は富士山、他は並びの山」と豪語している、ダントツの力を持つ役所です。法制局には武器があります。

財務省主計局がつけた予算に対しても「憲法違反の疑義がある」と、一言クレームを飛ばせばいいのです。主計局は汗をかきながら「憲法違反ではない」と政策の調整をしなければなりません。

ちなみに、竹下登の回顧録には、自分が自民党幹事長代理の時に法制局からつけられたクレームを処理し、丸く収めた話が自慢話として載っています（竹下登『証言　保守政権』読売新聞社、一九九一年）。

内閣法制局の権威は、かくも絶大なのです。

そうした内閣法制局の武器、憲法解釈も、宮澤様の教えなのです。

戦後の宮澤の評価

現在の日本国憲法が誕生する劇的な契機となったのは、敗戦翌年の昭和二十一（一九四六）年五月のことです。五月一日、宮澤は「八月革命説」を公にします。この時を境に、戦後憲法学も確立への道を歩み始めました。

宮澤の戦後の評価の基準点となっているのが、この時点です。

現在の憲法学を研究する際、宮澤俊義を避けて通ることはできません。どの憲法学者も、宮澤には必ず触れています。では、戦後の憲法学者たちが宮澤をどのように評価しているかというと、現在は次の二通りに分かれます。

「宮澤俊義は変節漢である」

もしくは、

「宮澤俊義は一貫して真人間である」

というものです。

昭和二十一（一九四六）年五月を境に、宮澤の依《よ》って立つ学説が変わったというのが「変節漢」という見方です。宮澤の「八月革命説」を批判している大石義雄京都大学名誉教授が代表的ですが、必ずしも宮澤に対して批判的ではない学者も「変節漢」なのは認めていることもあります。

一方、「一貫した真人間」というのは、戦前も戦後も、実は宮澤の学説は一貫して変わっていないのだとする評価です。宮澤憲法学を検証した労作のある高見勝利《たかみかつとし》北海道大学名誉教授は、「八月革命説」を「古い革袋に古い酒を盛るという、ただそれだけのことではなかったのか」と表現しています（高見勝利『宮沢俊義の憲法学史的研究』有斐閣、二〇〇〇年）。

「変節漢」と「一貫した真人間」は、一見すると真逆の見方のようです。ところが実は、両方とも戦前の宮澤俊義の評価が同じであることにお気付きでしょうか。どちらも、戦前の宮澤俊義を「真人間」として、戦後に変節したのか、戦後も一貫しているのかという見方だからです。ややこしいので、図にしましょう。

	戦前の宮澤	戦後の宮澤
通説「変節せず」	**肯定的**	**肯定的。戦前からマトモだった**
批判「変節した」	**肯定的**	**批判的。戦前はマトモだったのに**

本書のオリジナリティーは、ここです。東大憲法学の、いわゆる「護憲派」といわれる人が教祖の悪口を言わないのは当然でしょう。一方、カルト宗教を冷ややかな目で見る人が批判するのは当然です。

しかし、ここで見落としがちなのは、戦前の宮澤の評価です。まったく対立する二つの立場が、戦前の宮澤は真人間だったと評価している。私の疑問は「本当かよ？」です。

そして検証してみました。

とんでもない。ヘッドギアを着けた護憲派はもちろん、宮澤への批判者も評価を誤っていました。

宮澤は戦後に変節したような、小物ではありません。大悪魔です。宮澤俊義の思想は、戦前も戦後も一貫しています。一貫して極悪人です。戦前戦中の大日本帝国全盛期から、帝国憲法を葬り去ろうと企《たくら》んでいたのです。

本書の目的は、今も日本を支配する大悪魔、宮澤俊義の正体を暴くことです。

第一章　宮澤俊義ってこんな人

池永事件

「疑わしきは死刑！」

日本国憲法の教祖・宮澤俊義様の判決です。

宮澤は生前、プロ野球のコミッショナーもしていました。昭和四十～四十六（一九六五～七一）年のことです。宮澤在任時の昭和四十四年、黒い霧事件が発生します。黒い霧事件とは、政界で次々と疑獄事件が発生した事件ですが、プロ野球界の疑惑事件もこの名で呼ばれました。別名、池永事件です。

当時、プロ野球界に「野球賭博」に選手が関与したのではないかとの疑惑が広がっていました。疑われた一人が、西鉄ライオンズの池永正明投手です。

西鉄ライオンズとは、今の埼玉西武ライオンズの前身です。当時は、福岡に本拠地がありました。西鉄は、名将・三原脩《みはらおさむ》監督の下、昭和三十一（一九五六）年から三年連続で読売巨人軍を下して日本一、全盛期を築いていました。通算二七六勝の「鉄腕」稲尾和久をエースに、青バットの大下弘、弾丸ライナーの中西太ら強力打線を抱え、最強のチームでした。

しかし、三原が去り、大下が引退、稲尾が衰えると、昭和三十八（一九六三）年のリーグ優勝を最後にチームは低迷していくこととなります。監督に就任した中西が希望の星と頼んだのが、池永でした。池永は、昭和四十（一九六五）年に入団以来、二十、十五、二十三、二十三、十八と勝ち星を重ね、五年で九十九勝六十二敗と、打線の援護が期待できないチームとしては信じられないような獅子《しし》奮迅《ふんじん》の働きで、チームを支えていました。鉄腕稲尾の再来、チームの救世主となるべき存在と目されていました。

20勝を達成して胴上げされる池永正明

ところが昭和四十四（一九六九）年のオフシーズンに、池永は黒い霧事件に巻き込まれます。先輩の選手が「自分は八百長を取り仕切った。金を渡した奴の中に池永がいる」と言い出したのです。池永は、この先輩選手から「カネを預かっていろ」と言われ、何がなんやらわからないままに断る訳にもいかず、押し入れにしまっていたとのこと。スポーツ界は先輩の命令は絶対の体育会系ですから、なんとなく雰囲気は想像できます。これが池永の運の尽きでした。この先輩選手、最初から池永を嵌《は》めようとしたのか、途中で錯乱したのか、あるいは八百長が明るみに出て永久追放されたので腹いせか、池永を道連れにしようとしたのか。

しかし、押し入れにしまっておいて使わなかったにしても、池永が断り切れなかったのも事実です。昭和四十五（一九七〇）年のシーズン途中に、池永に処分が下ります。

宮澤俊義コミッショナーの裁定は、

「池永は永久追放！」

理由は、

「疑わしいことをしたから」


およそ少しでも法律をかじれば、「推定無罪」「疑わしきは被告人に有利に」「疑わしきは罰せず」という原則を一度でも聞いたことがあるでしょう。無実かもしれない人に刑罰を下すときは、一〇〇%の確証がなければならない、との原則のことです。法律用語で「合理的な疑いを差し挟む余地のない程度の立証」と呼ばれます。

時のコミッショナーは、東大法学部名誉教授で憲法学の権威です。知らない訳がありません。しかし、御沙汰《ごさた》はプロ野球選手にとって死刑を意味する「永久追放」でした。

ちなみに昭和四十五年の西鉄ライオンズは、池永が追放された時点で五勝。内四勝をあげていた池永の追放で戦力は激減し、シーズンが終わってみれば六チーム中最下位。そして翌々年まで三年連続最下位で、最後は西鉄は球団を身売りする羽目に陥ります。池永個人のみならず、チームそのものも死刑宣告されたようなものでした。

さて、ここまで池永が無実との前提で話を進めてきたのには、根拠があります。賭博は犯罪ですから、検察が捜査しました。池永は不起訴になっています。宮澤は池永が不起訴になった後に永久追放にしました。ライオンズファンは「見せしめか！」と激昂《げっこう》しましたが、どうしようもありません。それでも、事件から三十五年後の平成十七（二〇〇五）年には名誉回復がなされました。

何の話かと思われたかもしれませんが、一人の権力者の判断が一人の人生を奪ってしまった、恐ろしい実話なのです。

宮澤小伝

教授就任まで

日本国憲法の大悪魔は如何《いか》にして生まれたのか？　まずは、その半生を追ってみましょう。

宮澤俊義は、明治三十二（一八九九）年、実業家の宮澤高義の長男として、長野県で誕生しました。明治三十二年生まれといえば、戦後の高度経済成長を実現した池田勇人《いけだはやと》首相と同い年です。

中学卒業時には東京にいて、東京府立第四中学校を卒業しました。現在の東京都立戸山高校の前身です。ここから旧制第一高等学校へ進み、一部甲類（英法科）を卒業します。

一高のあった場所は、現在の東京大学農学部のあるところで、東京帝国大学の敷地と通りを一本挟んだ向かい側です。宮澤本人は、一高時代が「いままでの生活でいちばん愉快だった」と振り返っています。一高は全寮制です。宮澤が割り当てられた部屋は、明治時代に一高に在学し、日光華厳の滝に投身自殺した藤村操《ふじむらみさお》が使っていたことのある部屋だったとか（「一高時代の思ひ出」『東と西』、春秋社松柏館、一九四三年）。

同年代の東大法学部出身者には、民法学者の我妻栄《わがつまさかえ》（一八九七～一九七三）や、戦後首相となった岸信介《きしのぶすけ》（一八九六～一九八七）、東大法学部長や最高裁長官を歴任した横田喜三郎《よこたきさぶろう》（一八九六～一九九三）がいます。ひと世代下にあたるのが、政治学者の丸山眞男《まるやままさお》（一九一四～一九九六）です。

宮澤は外国語に堪能で、弟子筋の人たちからも「発音も不自然なところがなかった」と評されていました。一高は必ず三か国語を学びます。宮澤も英語はもちろんですが、フランス語やドイツ語ができた人です。論文には、何の注釈もなくフランス語やドイツ語、ラテン語が平気で出てきます。翻訳を載せていないので、「これくらい読めよ」という態度です。ケムに巻いているとも言いますが。

一高は今の東大教養学部に当たりますが、宮澤は当時のエリートコースである東京帝国大学法学部に進みます。二十四歳の時、東大法学部政治学科を卒業し、美濃部達吉博士の助手として採用されました。美濃部は憲法学の頂点を極めていた教授です。その美濃部の助手になれるのですから、お勉強はできたのです。

宮澤は、卒業間近に結核のため療養しています。療養仲間からの勧めで助手の願書を出してみたといいます。特に美濃部博士が誘ったということではなかったようです。

助手時代、東大の公法研究室は教授が雑居で使っていたため、そこで研究する教授がおらず、宮澤は研究室にある本を読み放題に読んでいたそうです。夜遅くまで読書に耽《ふけ》り、帰ろうと思って電気を消したら、「まだだ」という声がするので誰かと思えば、吉野作造博士だったという逸話が残っています。吉野は政治学の教授でした。法学部教授を辞めた後も研究室を自由に使っていたとのことです。どうでもいい話ですが、吉野は奥さんと仲が悪かったので家に帰りたくなかったのでしょう。宮澤の場合は、知りませんが。

とにもかくにも若い頃の宮澤は、勉強熱心な学歴秀才という評価が衆目の一致するところでした。美濃部も吉野も宮澤をどう見ていたか知りませんが、特に立派な人物だと看做《みな》していたという史料は見たことがありません。

宮澤は助手の間に色んな国の憲法や歴史書を読み漁《あさ》ります。英仏独米の憲法と政治史に詳しくなります。特に、助手の間に「日本一のフランス憲法の専門家」と言っていいほどの勉強を積み重ねました。宮澤が最初に発表した論文は、「仏国憲政に於る大統領の地位」です。

フランス憲法だけでなく、アメリカ憲法についても、この時期「硬性憲法の変遷」と題したアメリカ憲法論を発表したほか、立て続けにフランス憲法に関する論文を発表します。フランス憲法の研究を通じて、イギリス憲法にも詳しくなっていきました。ドイツ憲法は、学生時代から当然の教養として身に付けています。

助手時代にはフランス憲法や、当時のフランスで新しくできた法律、憲法から見た運用に関する論文を発表し、モンテスキューの『法の精神』の翻訳をしています。翻訳は足掛け五年がかりの大仕事で、禅寺にこもって翻訳しました。岩波書店から出版されたのは、宮澤が助教授になってからです。

大正十四（一九二五）年四月から、宮澤は東大法学部の助教授となりました。この時、美濃部の論敵の上杉慎吉《うえすぎしんきち》教授からは妨害されたそうですが。

三年後、初めての体系的な憲法学の著作となる『憲法大意』（義済会）を上梓《じょうし》します。この頃はまだ独自色がなく、当時の通説をまとめていった無難な内容です。

宮澤は教授になることが約束された身です。宮澤は欧州留学のため日本を離れます。戦前の東大には、先々教授になると見込まれている助教授は、海外に留学させてもらえる制度がありました。宮澤は、足掛け三年の留学でフランス、ドイツ、最後にアメリカを回ります。欧州ではフランスに半年いたものの、その後の留学期間はドイツで過ごしています。

宮澤が留学した当時、フランスは第三共和政の末期です。次に滞在したドイツはヴァイマール共和国の最末期で、宮澤はナチスが台頭していく時期のドイツを自分の目で見ています。フランスにしてもドイツにしても、かなり正確に観察していました。第三章で詳しく書きますが、宮澤は時局を見る目が鋭く、優れた観察眼を持っていた人です。

昭和七（一九三二）年四月下旬、留学から帰国した宮澤を迎えたのは、日本の不安な情勢です。宮澤が日本を発った年には統帥権干犯《とうすいけんかんぱん》問題が起こり、留学中に満洲事変が始まっています。帰国直前の二月には血盟団《けつめいだん》事件で井上準之助前蔵相が殺害され、帰国直後には五・一五事件によって現職総理大臣が暗殺されるという時期です。

帰国翌年、昭和八（一九三三）年三月、宮澤は定年退官間近となった美濃部達吉博士から、憲法第二講座を引き継ぎました。この頃の宮澤は、憲法史と比較憲法学を研究していた頃です。

また、この年は一月にドイツでナチス政権が成立し、宮澤は年間を通じて、ドイツ憲法に関する論文を立て続けに発表しています。

ここまで、宮澤が昇任していくのに、何か激しく揉《も》めたという話は聞かないのですが、憲法講座を引き継ぐ時に、反対意見はあったようです。戦後の宮澤の回想によると、宮澤よりもひと回り上の世代の教授で、民法学を教えていた穂積重遠《ほづみしげとお》から「君が憲法をやるについては、ほかの科目ならともかく、憲法にはまだ若い、カンロクが足りないという意見があったよ。まだそういう考えがあるのにはおどろいたよ」と言われたといいます。ちなみに、穂積重遠は上杉の師匠の穂積八束《やつか》の甥です。宮澤は、「憲法学が学問的に、あるいは講義として重要だということは決して否定しない」と前置きしたうえで、「何か倫理的、道徳的意味で特別の地位を持っているという考えには、非常に反対でした」と言い、憲法の講義から厳粛さを除いて、科目として平民化することを当時かなり意識したと語っています（『憲法をどう学ぶか』有斐閣、一九八四年）。

昭和九（一九三四）年一月、美濃部達吉博士が定年退官し名誉教授となると、宮澤は法学部教授に就任します。憲法第二講座も引き継ぎます。

ちなみに「第一」「第二」というのは、憲法を教える講座が二つあったということです。

東大憲法学の系譜

第一講座	穂積八束→上杉慎吉

＋

第二講座	美濃部達吉→宮澤俊義

東大法学部は、今でも講座制を採っています。一人の教授が定年までその講座を教え、弟子に引き継ぐ制度のことです。たとえば、吉野作造を初代教官とする「政治外交史」の講座は二代目の岡義武以降、三谷太一郎、北岡伸一、五百旗頭《いおきべ》薫《かおる》と今に至るまで五人しか教官がいません。一人の教授がその講座に居座ることを前提としています。別の言い方をすれば徒弟制です。憲法の講座は明治に創設され、穂積八束から上杉慎吉に受け継がれていました。

しかし明治末年から大正初年にかけて、上杉は美濃部と論争して完膚なきまでに打ち負かされてしまいます。東大の学生は「上杉に分が悪いですね」などと小バカにしていました。上杉は本当にバカで、テストは「授業でしゃべった内容を完コピしたら満点」という採点です。完コピとは完全コピーのことで、もちろん当時はそんな言葉はありませんが、要するに自分の言ったことを丸暗記しろという教育です。困ったのは大学当局です。東大法学部とは、官僚養成専門学校なのです。公務員試験（当時の名称は高等文官試験）で、「我が国の国体は神ながらの道で～」などと書いても合格できません。困ったことに、文官（公務員）は美濃部支持ですが、陸海軍は東大法学部への対抗もあって上杉支持でした。陸海軍と民間右翼が支持してくれるので上杉も意味不明な自信を持ち、かつ生活のために憲法の講座を死守します。美濃部は「行政法」の講座の中で、まともな憲法学を教えていました。

さすがにそれではまずいだろうと、上杉の身分はそのままで、美濃部を教官とする「第二講座」をつくったのです。

天皇機関説事件と宮澤の保身

宮澤は助手～助教授～教授と昇進していく過程で、地道に憲法学の論文を発表していきます。基本的に地道な内容です。後の宮澤を知った上で読めば、見事なまでに牙を隠し通しているのですが、当時の人は気づく由もない書きっぷりです。その詳細は、第二章で詳しくお話しします。

宮澤が美濃部の後継者として出世していく昭和初期は、憲法解釈が政治問題化していきます。その一つが統帥権干犯問題です。

昭和五（一九三〇）年に浜口雄幸《はまぐちおさち》内閣が締結したロンドン海軍軍縮条約をめぐって天皇の統帥権の憲法解釈が政治問題化しました。海軍の作戦立案や軍編制を担う軍令部が天皇の直属機関だったため、天皇の統帥権をカサに軍縮条約の締結を阻止しようとしたのです。上杉は前年に死んでいますが、その思想を継ぐ右翼どもが、上杉説を使って政府攻撃をしたのです。美濃部説は「軍は政治に従え」と説いていますが、上杉は「天皇陛下の軍が、政府に従ういわれはない」などと説いていました。陸海軍とも、自らの組織益に都合が良いので、上杉説を支持していたのです。海軍は浜口内閣に軍縮を押し付けられたので、上杉説の「統帥権独立」を武器に、政府を「大権干犯」と攻撃したのです（ちなみに、この騒動で陸軍は他人のフリです）。

条約の批准には、枢密院《すうみついん》も乱入しての政争となり、条約反対を掲げる加藤寛治《かとうひろはる》軍令部長や、末次信正軍令部次長を更迭して乗り切ったという経緯があります。この時、内閣による条約締結と、議会による条約批准の正当性を憲法解釈から支えたのが美濃部博士の学説です。

そういった経緯を引きずって、昭和九（一九三四）年、天皇機関説事件に至ります。貴族院で菊池武夫議員が天皇機関説を糾弾したことを皮切りに、蓑田胸喜《みのだむねき》ら右翼が美濃部博士を「乱臣・逆賊」「学匪《がくひ》」と叩きまくった事件です。

蓑田胸喜は、東大在学中に法学部から文学部に転部し、宗教学を修めた学者です。学生時代は上杉慎吉にも師事した人で、大正期から反マルクス・反自由主義の言論を展開しました。右翼団体「原理日本社」を創立し、機関誌『原理日本』やパンフレットなどで吉野作造らを攻撃するのですが、言論が過激なのと、攻撃された側が憔悴《しょうすい》するほどしつこいやり方をするので（宮沢俊義「座談会」『天皇機関説事件（下）』有斐閣、一九七〇年）、名前の「むねき」に「狂気」の字を当てて、「みのだきょうき」とあだ名にされたほどでした。

当時の政治状況を少し説明しておきます。昭和七（一九三二）年の五・一五事件で犬養毅首相が暗殺された後、海軍大将の斎藤実《さいとうまこと》を首班とする内閣が成立します。当時の組閣は、元老による奏薦で天皇から大命が下り、組織される形式です。西園寺公望《さいおんじきんもち》元老は「憲政の常道」時代、選挙で議席多数を得た政党の総裁を奏薦するという慣例をつくっていました。しかし、現職総理大臣の暗殺という非常時です。「憲政の常道」に従えば、与党第一党の政友会で犬養の後継となった総裁を奏薦することになりますが、この時に総裁となったのが、よりにもよって鈴木喜三郎です。

かつて鈴木は選挙に負けそうになった時、言うに事欠いて苦し紛れに「内閣の地位は天皇陛下によって与えられているので、選挙で負けても辞めなくていい」という暴言を吐いたことがあります。上杉説を文字通り解釈すればそうですが、当時は「天皇に責任を押し付けてはいけない」という美濃部説が主流でした。よりによって、そんな前科のある鈴木を総裁に押してくるとは何事か？　ということで西園寺は鈴木奏薦をやめます。

西園寺は暫定のつもりで、海軍出身の朝鮮総督だった斎藤実を首班としました。二年続いた斎藤内閣は疑獄疑惑のあおりで総辞職となり、後継首班となったのは、海軍大将の岡田啓介です。斎藤・岡田と、二代続けて憲政の常道が否定され、政党内閣への復帰は絶望的です。

天皇機関説事件の前段となった条約批准の争いは、政界を「現状維持勢力」と「現状打破勢力」に二分していきます。現状維持勢力は親英米で国際協調路線、現状打破勢力は国粋主義系の観念右翼です。

共産主義も大嫌いな観念右翼から見ると、国際協調路線を採る現状維持勢力は、天皇崇拝ではないので、親英米を通り越して国体を転覆しようとする共産主義を容認しているように見えます。事実関係としてまったくの誤解なのですが、天皇機関説を唱える美濃部博士を現状維持勢力の親玉ではないかと騒ぎ出したのが、天皇機関説事件です。

当初、岡田首相は「学問のことは学者に任せる」という方針で、議会でも答弁しています。ところがこれを政局に利用しようとした人たちが大勢いたのです。

司法界の大物、平沼騏一郎《ひらぬまきいちろう》枢密院副議長が右翼に担ぎ出され、その弟分の鈴木喜三郎政友会総裁は政党政治の否定になるにもかかわらず、騒動に乗っかります。騒動は枢密院にも及びました。平沼はこの頃、枢密院で副議長のまま据え置かれていた状態で、これも西園寺公望が観念右翼の平沼を嫌ったからです。当時の枢密院議長は、西園寺の側近だった一木喜徳郎《いちききとくろう》で、東大教授もしていた人です。美濃部博士の師匠にあたります。美濃部自身も東大教授を退任する直前、貴族院議員となっていました。観念右翼からすると、元老・枢密院といった宮中勢力が「君側《くんそく》の奸《かん》」だという頭です。美濃部も「重臣ブロック」の一員として攻撃対象となったのです。

また、岡田内閣の法制局長官が金森徳次郎、前斎藤内閣で商工大臣として入閣していたのが松本烝治《まつもとじょうじ》です。松本と金森は占領期に憲法担当大臣として、日本国憲法制定を担当します。愛国者かつ自由主義者でした。

枢密院議長の一木と貴族院議員の美濃部は憲法の教授。前商工大臣の松本は商法の権威。法制局長官の金森は自ら憲法の著書を記す学者です。攻撃された人の共通点は、東大法学部出身者です。そういった人たちが現状維持勢力として狙《ねら》い撃ちされます。

なお、体系的な憲法の著作を残していないのは、一木喜徳郎だけです。一木などは、公法学者ですが憲法学の本は書いていないにもかかわらず、授業ノート、講義録の類まで持ち出して攻撃される有様です。もっとも攻撃する方も、「こんな悪徳教科書を絶版にしろ！」とは言えても、「この授業ノートは何だ！」と迫るのは恥ずかしかったかもしれません。一木は山県有朋《やまがたありとも》の派閥に属する官僚で、霞が関で役職に就けないときに「つなぎポスト」として東大法学部教授をしていたような人物ですから、学者としてマトモな業績がないのは当然かもしれません。平沼副議長を担いで暴れまわる右翼どもの主目的は一木を失脚させて平沼を議長に昇格させることです。しかし真面目に学問をやってこなかった一木の学説など攻撃しようがないので、美濃部が集中砲火を浴びたのです。

「孤立無援の中、美濃部博士はあくまでも言論で戦おうとします。貴族院での演説、「一身上の弁明」は議場全体に感銘を与えました。お華族様とお金持ち&学者先生しかいない貴族院は普段はおとなしいのですが、この時は珍しく声援が飛び拍手喝采で美濃部を迎えたそうです。

業を煮やした平沼の手下の官僚は、美濃部を不敬罪で告発します。最近の研究では、これが平沼の指図だったという証拠はなく（そもそも、平沼は極端に史料が少ないので、やったのかやっていないのかを立証できない）、忖度《そんたく》だったのではないかと言われています。

そんなことはどうでもいいですが、美濃部は不起訴となりました。当たり前です。取り調べをする検察官も、美濃部の教科書で学んで司法試験に受かっているのです。その教科書を「不敬罪だ！」と迫っても、何の説得力もありません。というか、「君、教え子だよね？　顔、覚えてないけど」の世界です。検事も、「いや、私も役目でして……」くらいしか言えないでしょう。

しかし、正論が通るくらいなら、こんな事件は起きていません。結局、美濃部博士は貴族院議員を辞職し、主著『憲法撮要《さつよう》』ほか『逐条憲法精義』『日本憲法の基本主義』の三冊が発禁、『現代憲政評論』『議会政治の検討』は字句の修正による改版となりました。しかも、その後も暴漢に銃撃されています。松本烝治、金森徳次郎も、敗戦後まで隠遁《いんとん》を余儀なくされます。

この時に、渦中の美濃部博士の弟子の宮澤はどうしていたか。

昭和十（一九三五）年初頭、美濃部博士に呼応するように、宮澤は論陣を張っています。「人権蹂躙《じゅうりん》問題　貴院における美濃部博士の演説」（『帝国大学新聞』一月二十八日付）、「試練の前に立つ司法権　大蔵省事件をめぐる『法律ファッショ』のうはさ」（『改造』二月号）、「『美濃部達吉論』三月の論壇（一）」（『朝日新聞』三月五日付）です。

蓑田胸喜としては、美濃部や金森の首を獲り、次は宮澤だと狙いを定めています。なにせ、憲法を担当する現職東大法学部教授なのですから、当然です。宮澤に対して脅迫状がいくつも舞いこんできます。

そうした状況を憂慮した法学部長の末弘厳太郎《すえひろいずたろう》は、宮澤を呼び出します。京大でも似たような事件があり、八人の教授、助教授五人、専任講師、助手、副手八人が一斉に辞職するという事件がありました（昭和八年滝川《たきがわ》事件）。滝川事件は、別名「京大事件」とも呼ばれます。京大法学部教授だった滝川幸辰《ゆきとき》の講演内容が問題視され、この時も貴族院で攻撃の火ぶたを切ったのは菊池武夫です。蓑田胸喜も関わっていて、攻撃のやり方は同じです。滝川は休職処分となりますが、日頃は滝川を共産主義者と看做して批判していた佐々木《さき》惣一《そういち》博士も、滝川を庇《かば》って教授を辞めています。言論の自由とは、自分が好きな言論を守ることではないのです。そんなのやらない方がおかしい。言論の自由の本質は、自分が嫌いな人間が自分の嫌いなことを言う自由を守れるかです。ヴォルテールは「君の言ってることには命がけで反対する。しかし、君がそれを言う権利は命がけで守る」と言ったとか言わなかったとかですが、言論の自由の本質とされます。滝川事件での佐々木博士は、身をもって実行したのです。なお、佐々木惣一博士は辞職後、その頃は右翼大学だった立命館大学に招かれました。今の立命館からは信じられないかもしれませんが、「右翼」は誤植ではありませんので念のため。

こうしたことがあったので、末弘は教授が大量に辞めるなどという面倒を起こしたくなかったので、宮澤を呼び出したのです。この事なかれ主義者の末弘に対し、宮澤はどうしたか？

戦いをやめました。

後に宮澤が退官する際、教授会でのあいさつでこの時のことに触れ、「事情の許す限り、小さくなっていようと決心」したと語っています。それどころか、講義でも天皇に触れる部分は簡易な言及に留めました。

こうした態度に、攻撃する側の蓑田が「不真面目だ！」と激昂したほどです（蓑田胸喜「宮澤俊義氏の終局的民主主義」『国家と大学』原理日本社、一九三八年）。

宮澤はよほど後ろめたかったのか、東大退官の挨拶で「この事件では防空壕に入って首をすくめるという態度をとりつづけたが、はたしてそれが妥当であったか。この問題には、当時も、その後も、悩み続けた」「へたに抵抗しても効果がないだけでなく、一歩あやまると法学部の憲法（その他の学科）の教授陣は一掃され、神ながら的ないしファッショ的教授が代わってその地位を占める蓋然性がある。そうなると東大法学部の従来のいい伝統が絶えてしまう。そうなっては回復が難しい」「そうした態度は、見方によっては、たしかに卑屈と評されるべきであったでしょうし」「この事件におけるわたしの態度が、大学の自治と学問の自由のためにあのように先輩同僚諸君が戦ってきたところの東大法学部の伝統を少しでも傷つけたことになったのではないか、と反省するたびに今日でも、古傷が痛む思いがします」などと長々と弁明しています（「教授会でのあいさつ」『ジュリスト』四五一号、一九五九年三月二十日の発言）。

東大にも、銃撃されてでも筋を曲げなかった美濃部、あるいは関東大震災のドサクサで暗殺されそうになった吉野作造のように、命がけで言論の自由を守り正論を言い続けた立派な人もいます。経済学部では、河合栄治郎《かわいえいじろう》教授が、吉野や美濃部の後継者のような形で、時流と命がけで戦いながら、言論で孤軍奮闘しました。その人たちは例外で、多くの教授たちは末弘のように長い物には巻かれろ式の事なかれ主義で保身に走りました。宮澤がどちらの人間かは明らかでしょう。

宮澤はワルですが、頭はいい人間です。美濃部の生き方が正しいとわかっていたのです。昭和二十三（一九四八）年の美濃部の葬式では、弔辞でヴォルテールやゾラになぞらえています。ヴォルテール（一六九四～一七七八）もエミール・ゾラ（一八四〇～一九〇二）も、自由を守るために命がけで戦ったフランスの言論人です。ヴォルテールは宗教問題が絡んだカラス事件で、ゾラはユダヤ人差別に端を発するドレフュス事件で救済運動に協力していいます。この両事件は、宮澤も「人権の感覚」（『評論』三四号、一九四九年）で詳しく取り上げています。宮澤曰く、「人権の確立のために、憲法や法律を改正することは、きわめて必要である」が、国民のひとりひとりが「人権の尊重すべき所以《ゆえん》のものを身をもって体得する」条件が満たされなければ、「十人のヴォルテエルがあり、百人のゾフが出てきても、ほんとうの人権の確立は、とうてい期待できないとおもう」と。「ようう言うわ！」ですが。

さて、天皇機関説事件で岡田首相は、二度にわたる国体明徴声明《こくたいめいちょうせいめい》を出し、事態の鎮静化に努めたものの、それが余計に要求をエスカレートさせています。東大だけでなく他大学にも波及するなど影響は広範に及びました。講義の担任替えや、他大学へ転職させられた教授が続出します。

そうした中、宮澤東大法学部教授や一木枢密院議長の地位は守られました。下手に真面目に学問をやったり、世間で正論を通さない方が世渡り上手ということなのでしょう。狂った時代の到来です。

美濃部博士の学説は、あらゆる手段で葬り去られました。では、上杉慎吉のような天皇崇拝説に取って代わられたのかといえば、実はそうではありません。東大で生き残ったのは、清水澄《しみずとおる》の学説です。なぜなら、上杉説で官僚機構は動かないからです。

清水澄は、憲法解釈の考え方を次のように書いています。

学者が認めて憲法違反なりとするも政府の力によりて之《これ》を実行し、国務を進行することあり。然《しか》れども国家機関の解釈は法理を創定するの効力なし。法理は客観的に存在し、政府如何《いか》に之を蹂躙し議会如何に之を無視するも法理の存在を抹殺すべからず。法理に反する慣行は仮令《たとえ》政府議会共同して永年之を行うも之に依りて新なる法理を創作するの力なし。

（清水澄『逐条　帝國憲法講義』松華堂書店、一九三六年）

もともと清水説は、美濃部の憲法学説を官僚が仕事のしやすい解釈に落とし込むものだったので、粗雑な上杉説は不要なのです。

憲法は行政法と一体です。その藩屏《はんぺい》が官僚です。議会や裁判所はもちろん必要なのですが、憲法は政治家が官僚を動かす時の、政治家と官僚に対するルールです。憲法の解釈や運用が官僚機構を育てるもので、帝国憲法のもとで五十年にわたって育成された官僚機構は、右翼がどう騒いだところで潰れないのです。

戦前の日本は大政翼賛会こそでき、東條内閣が戦時体制を布《し》きましたが、ドイツのような一国一党独裁（ファシズム）は最後まで成立しませんでした。

その代わり、どこにも政治の中心がない「無責任の体系」になりました。

天皇機関説事件後〜戦中

機関説事件後の昭和十一（一九三六）年、宮澤は『転回期の政治』（中央公論社）を上梓します。宮澤自身で編んだ唯一の自選論集です。

この頃の宮澤は、時局評論でも極端なことは書いていないのが特徴です。劇的に変わるのは、昭和十二（一九三七）年七月七日の盧溝橋《ろこうきょう》事件に端を発する支那事変が勃発、世情が急速に戦時体制に突入してからです。

宮澤の孫弟子にして宮澤学説の研究者でもある高見勝利名誉教授すら、この時期の宮澤の言動を「時流迎合的論評」として、「自由主義者の発言としては理解し難い多くの作品を認めることができる」と述べています（前掲『宮沢俊義の憲法学史的研究』一二四頁）。

昭和十三（一九三八）年に制定された国家総動員法に関しては、内閣総理大臣の権限強化を肯定していて、勅令の文言として「指揮命令」と「指示」のどちらが適当かという点を検討しています（「内閣総理大臣の権限の強化」『警察研究』一〇巻一一号、一九三九年）。

昭和十五（一九四〇）年、挙国一致が叫ばれる中、近衛《このえ》新党に対しては、国論を一つにまとめる効果としては弱いのではないかとし、昭和十六（一九四一）年、大政翼賛会が成立すると「私的結社の欠陥を補う」と絶賛しはじめます。

京大学派の佐々木惣一博士は、国家総動員法や大政翼賛会について違憲論を展開していました。これに対して、宮澤は政府の正当性を裏付けるための憲法解釈を押し出します。事実上の一国一党のファシズムには批判も多く、内閣総理大臣が総裁を兼ねていることで「近衛幕府」との批判がありました。

それを宮澤は、「万民翼賛」に適うと言い出したのです。「万民翼賛」の意義としては、「国家が自由主義から統制主義に変わってきた」と、国家そのものの性質が変容したとして、「国家の任務は単に国防と警察にはかぎられなくなる」ので「国家はすすんで国民生活の福利を増進するために積極的に働きかける」ようになると論じています。日本においても、「元来立法権と執行権との関係ではむしろ執行権の優越が特色とせらるべきであったが、近年はその優越の程度が従来より増大したのであるから、ここにわが国における執行権強化の傾向を見出すことも必ずしも不当とせらるべきではあるまい」ということなのです（「執行権の強化」『国家学会雑誌』五四巻九号、一九四〇年）。あげくは、「行政は戦争の侍女」とまで言い放つ始末です（「戦争と行政」『法律時報』第十五巻三号、一九四三年）。

憲法学者として正論を言い続ける佐々木を抑え込む役回りを、宮澤は演じました。

時局便乗は、戦時中一貫して続きます。

昭和十七（一九四二）年、東條内閣は戦況が衰退の形勢となってくると、大東亜省の設置を決めます。大東亜省は、海外領域の行政を一元化しようとするものです。

宮澤は、大東亜省について、外交と外交事務の分離という批判に対し、国際慣習法に違反しないからよいのだ、として正当化します。

また、戦争末期の昭和十九（一九四四）年二月、東條首相が陸軍大臣のほか、参謀総長も兼務します。元々、戦時下で首相と陸軍大臣の兼務を歓迎する論文を書いていた宮澤は、非常措置として称賛しています。

ちなみに、東條自身も参謀総長の兼任は違憲だと自覚していて、質問しようとした貴族院議員に根回しして「戦争に勝つためだ」と見逃してもらったほどです（久田栄正『帝国憲法崩壊史』法律文化社、一九七〇年）。

支那事変から大東亜戦争における宮澤は、「ザ★御用学者」です。

敗戦〜戦後「講義再開」

敗戦前後の大学は、学徒動員のため講義が変則的です。

昭和十八（一九四三）年六月二十五日、東條内閣は「学徒戦時動員体制確立要綱」を閣議決定します。それまでは、農工業の人手不足により、夏休みの前後など日数を限って、学生による勤労作業が行われていました。大学や高等専門学校からは、のべ五十四万人が参加しています。その後、戦況の悪化とともに学生の動員拡大が求められ、文部省訓令により軍関連の労務への動員が準備され、東條内閣の閣議決定により本格的に実施されました。

次いで東條内閣は、九月に「現情勢下ニ於ケル国政運営要綱」を閣議決定し、大学と高等専門学校の学生に対して、二十歳以上の学生は卒業を待たずに徴兵することを決めます。特例が設けられたのは、理工系、医学系、教員養成のみです。十二月には陸海軍ともに、学生の第一回入営が実施され、また二十歳以上としていた徴兵の年齢を引き下げます。いわゆる「学徒出陣」です。

敗戦直前の昭和二十（一九四五）年五月二十二日、「戦時教育令」（勅令第三二〇号）が即日施行されると、特に必要な場合は文部大臣の判断で在学期間が足りなかったり、所定の試験を経ていなくても卒業させていいことになります。

軍に入営する学生のため、東大は法学部でも短縮講義を行います。宮澤が担当したのは、徴兵検査で不合格となった学生向けの講義のほか、出陣学徒向けの「法律序説」という入門講座です。宮澤の後を継いだ芦部信喜も、東大入学後間もなく学徒出陣の対象となりました。芦部が受講した宮澤の講義は、敗戦前はこの時のみで、本格的に宮澤の憲法学講義を受けるようになったのは、敗戦により復員し、大学に戻った後のことだったといいます（高見勝利「講座担任者から見た憲法学説の諸相―日本憲法学史序説―」『北大法学論集』五二巻三号、二〇〇一年）。

昭和二十（一九四五）年八月十五日、宮澤が当日をどのように迎えたかは、宮澤本人が「八月十五日を想う」（宮澤俊義『憲法と天皇―憲法二十年―（上）』所収／『世界』一一六号、一九五五年）に書いています。回想によれば、この頃、家を焼け出された宮澤は、家族を長野県に疎開させ、自身は大学の研究室で寝泊まりしていました。八月に入ってからは、降伏するという情報を耳にしたり、ラジオ放送で一億玉砕を謳《うた》った「国民に告ぐ」を聞いたりしていますが、どれも半信半疑だったようです。新聞社に勤める弟の「東京に原爆が落とされるから逃げろ」という連絡にも、栄養失調で体調を崩していた宮澤は、驚きや恐怖よりも先に「ヤレヤレ……」という様子だったことが読み取れます。

十五日当日は、正午の重大発表に備えて大学の職員が大講堂に集められ、そこで玉音放送を聞いています。祖国の行く末よりも前に、「やっとぐっすり眠れる」と思ったといい、本人は「お恥ずかしい話だが、よくよくものを深く考える力を失っていたようだ」と振返っています。

戦後、宮澤が最初に講義を行ったのは、昭和二十（一九四五）年九月二日のことです。奇《く》しくも、戦艦ミズーリ艦上でポツダム宣言受諾の降伏文書に正式調印が行われた日でした。宮澤は、講堂に集まった学生たちの安堵《あんど》の表情を見ながら、学問の自由を思い、また同時にそれは「祖国の降伏という、とほうもなく高い値いを払って購《あがな》われたもの」で複雑だったと書き残しています。

高見勝利教授は、宮澤が残した講義草稿や、芦部をはじめとする当時の受講者のノートといった資料から講義の内容を整理しています。この日の宮澤の講義は「戦争終結と憲法」という草稿が用意され、ポツダム宣言受諾による憲法への影響という内容だったといいます（前掲『宮沢俊義の憲法学史的研究』一四〇頁）。

大学の講義が再開されたとはいえ、敗戦直後から宮澤は多忙を極めます。GHQのもと、日本政府が憲法の問題に着手したため、専門家として参画することになったからです。

松本委員会

ポツダム宣言受諾を決めた鈴木貫太郎内閣の後を受けた東久邇宮稔彦《ひがしくにのみやなるひこ》内閣がすぐに総辞職となったため、木戸幸一内大臣の奏薦により、外交官出身の幣原喜重郎《しではらきじゅうろう》に大命降下があり、昭和二十（一九四五）年十月九日、幣原内閣が成立します。十一日には幣原首相とマッカーサーの会談の際「憲法の自由主義化」に言及されたため、十月二十七日、憲法問題調査委員会が設置されました。松本烝治国務大臣を委員長とし、当時の主だった法学者が顧問や委員として顔をそろえています。顧問として、美濃部達吉や当時枢密院副議長の清水澄、委員には宮澤のほか、清宮四郎ら帝大教授、官僚では法制局から入江俊郎、佐藤達夫など、委員長以下十一名で発足しました。補助員に東大の助教授と講師を配しています。

委員長の松本烝治国務大臣は商法が専門の法学者ですが、憲法に関する議論でも的確な知見を持っていたといいます。そのまま憲法担当国務大臣となります。

憲法問題調査委員会は、当初は改正のための委員会ではなく、調査研究を目的としていました。美濃部達吉は、「占領中の憲法改正は、憲法改正の必要があってもやってはならない」という考えです。

宮澤も、委員会設置に先立つ外務省へのレクチャーでは、「軍の解消」「民主的傾向の助成」「領土の変更」の三点を改正点に挙げながら、結論としては「憲法の改正を軽々に実施するべきではない」と結んでいます（古関彰一『新憲法の誕生』岩波書店、八五頁）。

宮澤は松本委員長の助手として、実務的な取り纏《まと》めを行いました。この時に宮澤が、改正を強く主張しなかったのには、松本委員会以外に、内大臣府でも憲法について検討していたからです。

幣原内閣の前に成立した東久邇宮内閣の時、東久邇宮稔彦王の相談役として副総理格の国務大臣となった近衛文麿は、マッカーサーとの会談で、憲法改正の示唆を受けます。

GHQは十月四日に「政治的、公民的及び宗教的自由に対する制限の除去の件（覚書）」を出し、言論や思想、集会などを禁じる法令の廃止や、内務大臣や警察職員などの罷免、政治犯釈放、特高警察の廃止を日本政府に命じます。このため山崎巌内務大臣が辞表を提出し、翌日には東久邇宮内閣は総辞職しました。ただ、近衛が持ち帰った憲法改正の話から、勅令で内大臣府御用掛として京大の佐々木惣一が採用され、改正草案の作成が続いていたのです。

松本烝治自身は、佐々木惣一にも委員会に参加してもらいたかったようです。松本委員会の参加者に関して、帝国大学出身者だけで固めていることに批判もありました。ただ、仮に佐々木惣一が参加しても、委員長の松本を含めて全員帝大出身です。私大にも、憲法・行政法の専門家で慶應大学法学部教授の浅井清や、軍事体制下での憲法理論で著名な早稲田大学総長の中野登美雄といった人材がいます。彼らを参加させずに、帝大で独占するのはおかしいのではないか、ということです。とはいうものの、京大以外の帝国大学教授は東大出身者ばかりですから、東大閥で話を進めたとの批判はかわしたかったようです。

一方の近衛としては、戦犯逮捕命令が出て首相経験者らが続々と逮捕される中、内大臣府で憲法改正を進めることで戦犯指名を逃れようとしたのか、佐々木惣一を確保して対抗したとも取れます。十一月二十四日には、佐々木惣一の改正草案が昭和天皇に奉答されました。佐々木案は、地方自治や憲法裁判所の規定も加えて条文化されたものですが、第一条から第四条まで、一切の変更を加えていません。

佐々木惣一の委員採用には、美濃部と宮澤が反対します。美濃部から見れば、佐々木は論敵ですから反対はするでしょう。戦時中から宮澤は、時局迎合言論で佐々木の正論を押しつぶす側でしたから、どんな顔で会えば良いのやらですが。

宮澤は佐々木惣一が内大臣府御用掛として憲法改正に関わっていることについて『毎日新聞』に寄せた談話で「違憲だ」と非難し、佐々木の弟子の大石義雄博士から厳しく反論されることになります。大石博士は戦後の宮澤学説を徹底的に批判することになります。戦時中の宮澤の態度をつぶさに見ている大石博士からしたら、宮澤などは卑劣漢以外の何者でもないでしょう。

昭和二十一年の変節

松本委員会は、調査研究の過程で「内外の情勢が変わった」として、試案をまとめることになりました。

昭和二十（一九四五）年十二月八日、松本烝治は衆議院予算委員会で「松本四原則」と呼ばれる構想に言及します。松本四原則は、「帝国憲法の根本原則である天皇の統治権総《そう》攬《らん》は変えない」「議会の議決を必要とする事項拡大による天皇大権の制限」「輔弼《ほひつ》の責任を憲法上負わない者が国務に対して勢力で左右しない、国務大臣の議会と間接な国民に対する責任」「人民の権利自由の保護、一時の多数の勢力によって圧倒されない人権侵害の救済」です。そのうえで、「憲法全部に亙《わた》つて十分な検討を行ひまして、必要な條項に付て改正のことを考へて見たい、左様に考へて居ります」と答弁しました（帝国議会会議録、昭和二十年十二月八日、衆議院予算委員会）。

松本は、みずから私案を出し、これを宮澤が要綱にまとめます。この他に大幅な改正案も準備されます。

翌昭和二十一（一九四六）年一月二十六日、松本案をもとにした「憲法改正要綱」（甲案）がまとまりました。当時の取材記者の話では、報道各社が手に入れようとして追いかけていたにもかかわらず、政府のガードが固く、取材に行き詰まっていたといいます（毎日新聞、二〇〇〇年三月二十日付「追跡20世紀　特ダネで動いた戦後史」）。

ところが、GHQに提出する予定となっていた矢先の二月一日、憲法問題調査委員会案を毎日新聞が全文スクープします。

毎日新聞には、宮澤の弟が勤めています。スクープをものにしたのは、政治部記者の西山柳造ですが、リークした人物がいたのかどうかはわかりません。西山氏がどのような状況で入手したのかは、法学者の田中英夫が聞き取った証言によれば、「事務局にあったのでもらって来て、書き写して返した」というのです。

西山柳造は、「きょう初めて〈話すこと〉ですが」と前置きして、一月三一日に偶然

松本委員会の事務局で資料を手に入れたのを記事にしたものであると語った。（中略）

「一月三一日、私が〔松本〕委員会の事務局から特だねをとったのです。……事務局にあったから『もらった。』ただそれだけなんですよ。……それですぐ社に帰りまして、プリントになっていたのですが、そのプリントの綴《と》じをほぐして、デスク以下全員が手分けして書き、プリントは元のとおり綴じ直して返したわけなんです。（中略）後で乙案〔に近い宮沢甲案〕だということがわかったのですが、〔この案を取ったのは〕全くの偶然ですね。」

（田中英夫『憲法制定過程覚え書』有斐閣、一九七九年、四六頁）

眉唾《まゆつば》の話ですが、宮澤がリークしたという証拠がないのも確かです。

なお、松本委員会には、この時点で複数案あったことがわかっています。この時スクープされたのは、そのうちのどの案なのか。古関彰一獨協大学名誉教授は、松本案には松本烝治の私案をもとに宮澤がまとめた甲乙二案があったが、それとも違うと指摘します。スクープされた全文との比較から、松本烝治の私案をまとめた甲乙いずれの案でもなく、宮澤がつくった案だと指摘しています（前掲『新憲法の誕生』九一頁）。松本案とも大きな趣旨に違いはない内容で、新聞記者らの取材合戦の中でこの案だけが記者の目につくところにあったというのは、破棄されたのでもない限り、不自然です。

このスクープをきっかけに、ＧＨＱ民政局長のコートニー・ホイットニーが憲法草案作成に向けて本格的に動き出します。

二月八日、松本烝治はＧＨＱに「憲法改正要綱」（松本甲案）を提出します。宮澤がまとめたものに、さらに松本が手を入れているので自信満々です。ところが、スクープ直後からマッカーサーの下で草案作成にあたっていたホイットニーと、民政局次長のチャールズ・ケーディスから、逆にＧＨＱ草案を突き付けられたのです。

毎日新聞案を見てからの実質一週間でつくられたＧＨＱ案は、ホイットニーがマッカーサーにＧＨＱ案作成を進言し、マッカーサー三原則（マッカーサーノート）といわれる十項目のメモを得て、色々な法律や他国の憲法からパッチワークした落書きです。

しかし、天皇の地位は、この時点では明確です。マッカーサーノートで天皇を「Symbol」とした部分に、〇囲みで「Head of State」としているのです。この段階では、天皇は国家元首という認識なのです。しかも、イギリスのような立憲君主になれという意味で、イギリスのウェストミンスター憲章に使われている「Symbol」を当てたので、決して軽い意味ではないという説明です。立憲君主ならば帝国憲法と同じだと、終戦連絡事務局の白《しら》洲《す》次《じ》郎《ろう》が「象徴」と訳し、日本語訳が決定されました。

少なくとも、マッカーサーはこの時点で天皇をロボットにしようとまでは考えていません。

ただ、GHQの側も当初の試案から確定草案作成のために英文草案の和訳が確定されていく過程で、天皇の地位に当初と異なる意味付けをしていきます。中心となったのは、昭和二十一（一九四六）年三月に来日したアジア研究家の民政局員トーマス・アーサー・ビッソンです。国民主権の明確化や天皇条項を起草した人で、評論家の江崎道朗《えざきみちお》氏によれば、ビッソンは『ヴェノナ文書』でソ連のスパイだったと判明しています（江崎道朗「コミンテルンが歪めた憲法の天皇条項」『月刊正論』二〇一二年九月号）。

宮澤がGHQを介したソ連の動きをどこまでわかっていたかは不明ですが、松本を切り、ビッソン介入後のGHQに乗ったわけです。宮澤は、近衛文麿を葬り、松本烝治を切り、マッカーサーすら出し抜いたのです。

三月六日、日本政府は和訳の確定したGHQ案を「憲法改正草案要綱」として発表しました。

少し学のある人が読めば、『毎日新聞』にスクープされた草案とは内容がまるで違うので、マッカーサーの圧力だという想像はするでしょう。宮澤自身も、前文にある「われら日本人は」という語で「アメリカ憲法前文を思い出すだろう」としています（「徹底セル

GHQ占領下の憲法改正の流れ

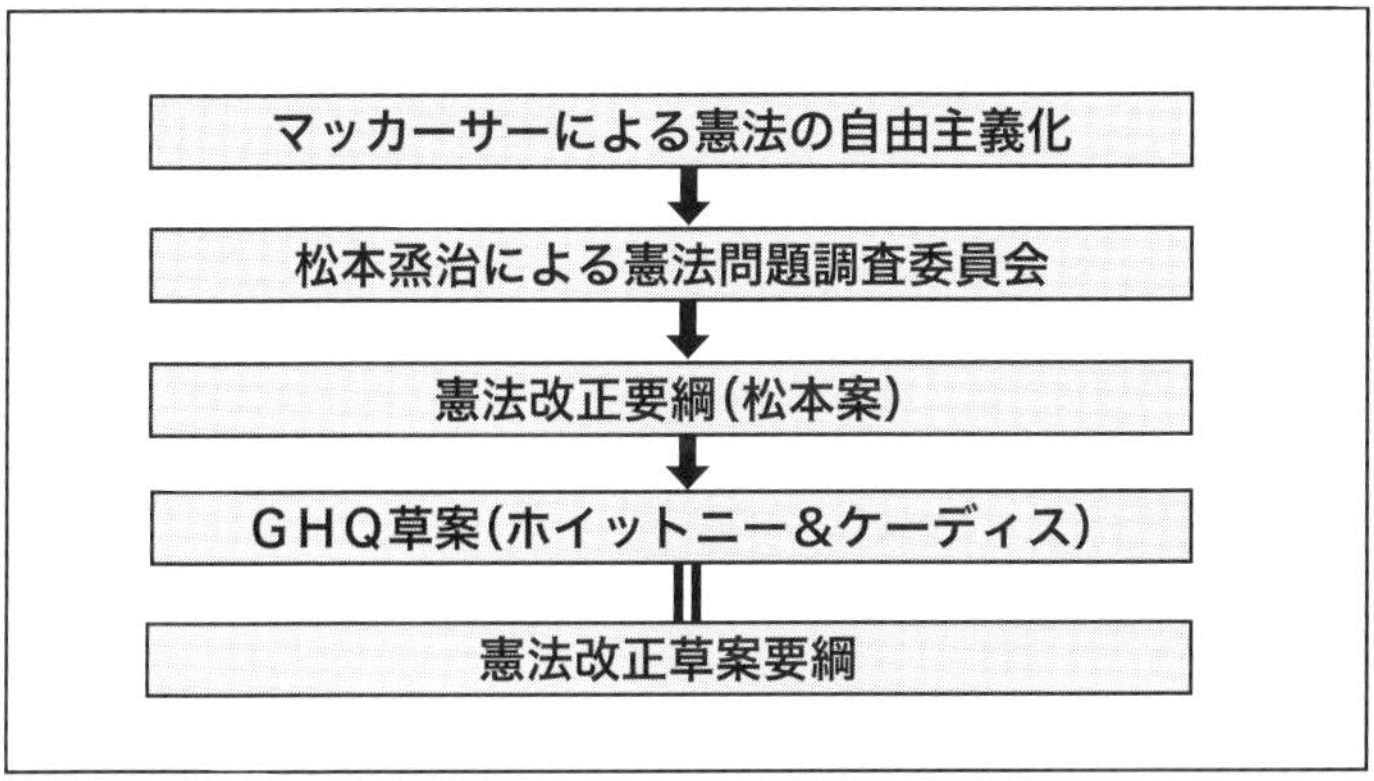

平和主義」『毎日新聞』一九四六年三月七日付、『日本国憲法制定資料全集（４）』所収、二〇〇八年）。

発表された「憲法改正草案要綱」は、ひらがな口語化され、およそ一か月後の四月十七日、「憲法改正草案」が公表されました。

昭和二十一（一九四六）年五月十六日、第九十回帝国議会が召集されました。首相は幣原喜重郎から吉田茂に、憲法担当大臣は松本烝治から金森徳次郎に交代しています。

第九十回帝国議会は、四月十七日に公表された憲法改正草案の審議が主な役目です。六月二十日、帝国憲法第七十三条に基づき、憲法改正草案は「帝国憲法改正案」として提出されました。

上程前日の六月十九日、宮澤は貴族院議員となります。憲法改正案の審議に参加するためです。衆議院には帝国憲法改正案委員会が設置され、芦田均《あしだひとし》委員長のもと、修正案が作成されます。

審議の間、国体や防衛について多くの論争が行われました。国体に関するところでは、「八月革命説」にもとづいて「国体は変わった」と主張する宮澤と、金森大臣が論争を繰り広げたほか、佐々木惣一もこの「帝国憲法改正案」に反対の立場で貴族院の壇上に立ちます。

佐々木惣一は、「国体が変わった」というのなら「有事に誰が責任を負えるのか」と追及します。「ついこの間、政府の誰も決められなかった終戦を天皇に決めて頂いたではないか」として、統治権の総攬者としての天皇の役割を説き、同じ正統性を他の誰が負えるのかと論じました（帝国議会会議録、昭和二十一年十月五日、貴族院本会議）。

宮澤は、この京都学派の議論には、正面から立ち向かおうとしません。強い相手にはやりすごすのが宮澤の流儀です。

八月二十四日、衆議院本会議で可決され、帝国憲法改正案は貴族院に送られました。貴族院でも修正案が作成され、貴族院で可決し、衆議院でも再度可決されると、天皇の裁可を経て十一月三日「日本国憲法」が公布されます。最後の帝国議会は、日本国憲法を採択することで自らを終焉《しゅうえん》させることとなりました。

宮澤は新憲法施行までの間、講義や一般国民向けの新憲法教育、学者同士の論争を通じて、新憲法の正当性を説明する積極的な役割を果たします。まるで、最初から「八月革命説」論者だったかのような態度で『あたらしい憲法のはなし』（文部省編、一九四七年）の執筆に参加し、「日本国憲法の三大原理」を「良いもの」と鼓吹していくのです。

　学者との論争には、東大教授の尾高朝雄《おだかともお》と繰り広げた「ノモス主権」論争もあります。「ノモス主権」というのは、「法を定める法があり、それを決定する法（ノモス）とはなんぞや」というような、ややこしい話です。宮澤はこれを「何がノモスであるかを判断できる人が主権者だ」と常識論で論破します。この論争に勝ったことが、宮澤の名声を決定づけることとなりました。佐々木のような強敵とは戦わないけど、尾高のような訳のわからない説を唱えている相手は「獲物」として徹底論破します。そして弟子たちが、「宮澤先生の大勝利」を宣伝し、佐々木惣一の存在などなきが如しにかき消してしまう。

安田講堂。昭和 22 年 2 月 14 日、
宮澤俊義の新憲法特別講習会が行われた

　議論の質ではなく、権威や権力、世論の数の力、そして時流を味方につける。これが宮澤流です。新興宗教の教祖の手口としては、卓越しています。

　昭和二十二（一九四七）年二月十四日、東大安田講堂が

満員となりました。宮澤俊義による特別講習会です。各省庁中堅官吏七百名と、東大生三百名、計千名もの聴衆を前に、宮澤は新憲法の講義を行います。

以来、宮澤は戦後を通じて、日本国憲法の解釈はもちろんのこと、憲法学上の用語までも定める人となっていきます。

大日本帝国憲法は、正式な略称を「帝国憲法」といいます。ここまで普通に使ってきましたが、学問の世界ではタブー化されて「明治憲法」の語が使われています。かくいう私も憲法学界の片隅に生き、学会誌に投稿するときは「明治憲法」の用語で統一していました。テクニカルターム、すなわち学界のお約束事の言葉遣いだったからです。後でその論文を読んだ法学部出身の友達から、「明治憲法って、過去の遺物との意味で宮澤が使い始めた言葉だよ」と聞かされて仰天したものです。宮澤批判者すら、宮澤の支配下にあるのです。多くのマトモな人が「明治憲法」の用語を使っているので言葉狩りをする気はありませんが、これを言い出したのは宮澤なのです。

宮澤の『全訂　日本国憲法』の書き出しを読むとわかります。

日本がもったはじめての成文憲法、すなわち、いわゆる「明治憲法」、正しくは「大日本帝国憲法」は、その発布のときの勅語でいわれたように、「不磨の大典」とされ、かるがるしく改正されるべきものではないと考えられていた。

「明治憲法」の語を「大日本帝国憲法」の略語として定めた一文です。同時に、帝国憲法を「過去の遺物」と定義づけた文章でもあります。学界で当たり前のように使われている語ですが、宮澤の決めたルールに従っているからなのです。以後、学界では正式略称の「帝国憲法」は急速に使われなくなります。

制定から二十年ほど、東京オリンピックの昭和三十九（一九六四）年くらいまでは「新憲法」と呼ばれていました。それが四十（一九六五）年くらいから「新憲法」が死語になっていきます。定着したということです。この間、宮澤は憲法学の骨格を創っていきます。創造主です。

その根本の学説を見ていきましょう。

八月革命説

宮澤の戦後憲法学の基礎となっているのが「八月革命説」です。

簡単にまとめれば「昭和二十年八月十五日に革命が起こって、日本は国民主権となった」という説になります。一言で言うと、詭弁《きべん》です。以前、八項目に分けて順を追って説明しておきましたので、再掲します。

八月革命説の八つの詭弁

一、大日本帝国憲法（帝国憲法）では、主権が天皇にあった。

↓「天皇主権」など書いていない。明記されているのは統治権の所在だけ。

国内法における主権とは、絶対主義の国王の権力のこと。

伊藤博文ら制憲者は、天皇は実際に権力をふるう絶対君主ではなく、国家儀礼を行ない、それに権威を付与する存在が立憲君主との考え。

二、帝国憲法では、天皇主権は国体そのものである。

↓一により「天皇主権は国体」との結論は自動的に崩れる。

三、天皇主権は、いかなる憲法改正でも変更できない改正の限界であった。

↓仮に統治権と主権を同じものと看做す立場で議論を進めると、「天皇主権」を「天皇の統治権」と読み替えれば、確かに通説でも有権解釈でも採用されていた説。

ポツダム宣言受諾に際しても、国体の護持とは天皇の統治権だと解釈されていた。少なくとも軍を含む政官界の多数派は、そう考えていた。ただし、それは狭義の解釈であり、広義には皇室の存続であると看做されていた。

四、ところが、昭和二十年八月のポツダム宣言受諾により、天皇の主権は連合軍の制約下に置かれることとなった。

↓主権の語にこだわらなければ事実。遺憾ながら、天皇も含め日本国全体が占領軍の強い制限下に置かれた。国家主権そのものを喪失。

五、結果、国民主権の日本国憲法が制定された。

↓誰もが否定しようがない事実。日本国憲法は国民主権を明記した憲法。

六、本来は改正できないはずの国体変更がなされた。

↓議論の余地あり。三の「改正の限界」の議論を前提としているので、そちらを考察せねば軽々に結論は出せない。現に、日本国憲法制定時には、国体が変更されたか否かに関して、多くの議論があった。

七、これは天皇から国民への主権の変更であるから、革命である。

→まったくの詭弁。もはや日本語すら変更している。外国占領軍による革命など、概念として破綻《はたん》している。

天皇主権と国民主権では意味が違う。日本国憲法学では、国際法の意味（内政不干渉）以外に、主権を「統治権の所在」と「国政の最高決定権」の意味で使っている。天皇主権の場合は前者、国民主権の場合は後者。戦前、「憲政の常道」が強力な憲法習律として確立していた時代、後者の意味での主権は明らかに国民にあったことになるが、統治権の総攬者としての天皇は不動。総選挙によって示された国民の意思により総理大臣が選定された時代、「国政の最高決定権」は国民にあった。だが、いかに天皇が国民の意思に拒否権を行使しない慣例（それが超強力な場合、憲法習律と呼ばれる）が確立していると言っても、形式的には御名御璽《ぎょめいぎょじ》が必要である。天皇の署名と印鑑がなければ国民が選んだ総理大臣は任命されない以上、「統治権の所在」は天皇にある。「統治権の所在」と「国政の最高決定権」は矛盾ではなく相互補完関係にある。それを対立概念であるかのように印象操作した宮澤の詭弁。

八、日本国憲法は革命によって成立した、革命憲法である。
→まったく事実に基づかない。宮澤個人の脳内革命に過ぎない。

日本有数のフランス憲法の専門家でもあった宮澤は、フランス革命を日本国憲法に投影させた。彼は人権の母国とされるフランスのような、革命によって成立した素晴らしい憲法だと言いたいのである。
「革命」の一語にエクスタシーを感じるような、常識人から逸脱した論理への狂信者の熱狂こそが、八月革命説の根拠なのである。これは学問ではなく、カルト宗教だと認識しなければならない。そうした何度もなされてきた批判を跳ね返し、この説は自己を守ってきたことを理解せねばならない。

（『帝国憲法物語』ＰＨＰ研究所、二〇一五年）

詭弁というのは、相手を騙《だま》すための手法のことです。一見、正しそうなことを言いながら、実は論理として成り立っていないもののことを言います。宮澤の弟子の芦部信喜が自身の見解として「八月革命説はポツダム宣言受諾から新憲法制定までの事実の経過とは結びつかない新憲法成立の法理を説明する解釈理論であると解する」（※傍点原文ママ）としています（芦部信喜『憲法制定権力』東京大学出版会、一九九六年／初版一九八三年）。

ただ、私も宮澤の深淵《しんえん》が見えていなかった点があります。「日本有数のフランス憲法の専門家でもあった宮澤は、フランス革命を日本国憲法に投影させた。彼は人権の母国とされるフランスのような、革命によって成立した素晴らしい憲法だと言いたいのである」の部分です。これはこれで間違いではないのですが、不十分です。その理由は、第三章でお話しします。

改正憲法

八月革命説の要点は、憲法の改正をする時に「変えてはいけないことがある」と考えるか、「すべて改正の対象となる」と考えるかです。前者を改正限界説、後者を改正無限界説といいます。これは外国と比較するとわかりやすくなります。

たとえばドイツやフランスの憲法は、改正限界説に立っています。

ドイツで極右のナチスと、極左の共産党を非合法としているのは、民主主義を否定する政党を許さないということです。この考え方をドイツは「戦う民主主義」と誇っています。

フランスは、憲法の条文に「政府の共和制形態は、憲法改正の対象とすることができない」と明記しています。

詳しくは小著『右も左も誤解だらけの立憲主義』（徳間書店、二〇一七年）をご参照下さい。

大日本帝国憲法の場合は、二大原則が第一条から第四条に規定されています。「天皇の統治権」と「天皇の神聖不可侵」です。「神聖不可侵」に誤解が多いので説明しますが、「本来の統治権は天皇にあるけれども、天皇は実際の権力を行使してはならない」ということです。

大日本帝国憲法
第一章　天皇
第一条　大日本帝国ハ万世一系ノ天皇之ヲ統治ス
第二条　皇位ハ皇室典範ノ定ムル所ニ依リ皇男子孫之ヲ継承ス
第三条　天皇ハ神聖ニシテ侵スヘカラス
第四条　天皇ハ国ノ元首ニシテ統治権ヲ総攬シ此ノ憲法ノ条規ニ依リ之ヲ行フ

戦前の日本政府の憲法解釈は、東大の改正限界説です。

大正十四（一九二五）年、衆議院議員選挙法の改正により普通選挙が導入され、治安維持法が同時に成立します。共産主義者対策です。大正六（一九一七）年にロシアで革命が起こり、君主制が消滅しました。日本国内でも国体を変更しようという共産主義者が活発になります。治安維持法は政治活動を取り締まる根拠法ですから、政府の憲法解釈が「憲法改正は無限界で皇室も廃止できる」では整合しないのです。なお、これは大審院（最高裁）の判例となっています。大審院は昭和四（一九二九）年五月三十一日に「我が帝国は万世一系の天皇君臨し統治権を総攬し給ふことを其の国体と為し」と判決し、宮澤も教科書で引用しています。学界の通説だからです。

学界の通説かつ政府の有権解釈かつ最高裁の判例となっても、佐々木惣一教授を筆頭に京大学派は異を唱えていました。京大憲法学は、戦前から改正無限界説です。

京大憲法学を代表する憲法学者の佐々木惣一博士は、法律論と政治論を分けていました。政治論では国体変更に徹底的に反対、法理論としては「変えられないとするのは事実に反する」という立場です。いくら憲法の解釈や法律が「変えられない」としていても、国民が本当に国体を変えようとすれば、条文や法律の記述がどうであれ、国体は変わるのだということです。

実際に、憲法の条文は日本国憲法の成立で、第一条から第四条どころか、全部が変わりました。

宮澤の「八月革命説」は、「変えてはいけないことがある」という考え方を前提にして、変えてはいけないことがあるのに変わった、つまりこれは「革命」であると言っているわけです。これが現在の通説です。

一方で、京都大学の憲法学、京都学派はもう一つの「すべて改正の対象となる」という考え方を前提としています。

日本国憲法は、帝国議会と枢密院の審議を経て、天皇の裁可によって御名御璽をもって公布されています。それをどう評価するかではなく、事実です。そこで京都学派の論理は、改正憲法という事実をもって、「八月革命説」を否定するのです。

そして京都学派は、日本国憲法は帝国憲法の改正憲法説である、との立場を採ります。事実をすべて受け容れようとする立場です。ただ、前提となる改正無限界説が少数派です。

これは世界観そのものが違う争いなのです。

京都大学出身で、現在は日本大学法学部の百地章名誉教授《ももちあきら》は、この点を次のように捉えています。「日本国憲法は、占領下という異常事態のもとで成立しており、GHQによるさまざまな圧迫や干渉があった」という事実も挙げて、「いずれの説に立つとしても、これを法理論として完璧《かんぺき》なかたちで説明しつくすことは困難」としています（百地章『憲法

の常識　常識の憲法』文春新書、二〇〇五年、七〇頁）。

話の前提である「憲法改正に限界があるのか、ないのか」についてからして、戦前の憲法学者は激しく議論していたのです。

法定追認説

根本的な話です。「なぜ日本国憲法が、日本の憲法＝最高の法なのか」しょせん、外国人による押しつけ、無法です。無法を法的に説明しようとしても無理があるに決まっています。

うまく説明できない事柄について色々と議論がされている間に、他の解釈も成立しました。その中で有力説となったものの一つに「法定追認説」があります。「たとえ占領下で制定され、手続き上瑕疵《かし》ある憲法であっても、国民がこれを遵守し続ければ憲法を追認したとみなしうる」（前掲『憲法の常識　常識の憲法』七〇頁）というものです。現在の最高裁判所や日本政府は、この説で実務を運用しています。

国民が遵守するというのは、どういうことでしょうか。憲法の条文を守っているなら、もちろん遵守です。では、逸脱に対してはどのように対処するのでしょうか。ここで重要なのが、裁判所の判例です。判例ができていくのは、逸脱かどうかが問われた時です。

昭和二十二（一九四七）年五月三日、日本国憲法施行とともに最高裁判所も発足しました。連合国による占領は、昭和二十七（一九五二）年まで続きます。この期間は、GHQの占領政策と新憲法との関係を問う訴訟が多数提起されました。

たとえば、平野農相罷免《ひめん》事件に伴う訴えです。

日本国憲法が公布されて最初の選挙で日本社会党が躍進し、新憲法施行直後の昭和二十二（一九四七）年五月二十四日、片山哲内閣が成立しました。当時の社会党は右派と左派が同居しています。農林大臣として入閣した平野力三は右派の人で、戦前から農民組合運動をしていました。ところが、平野がGHQの圧力で罷免される事件が起こります。GHQは戦時中の平野の経歴から公職追放をチラつかせ、罷免の二か月後には実際に公職追放されました。

これを不服とした平野が裁判に訴え、最高裁まで争います。GHQによる指令に対する日本の裁判権という意味でも注目されましたが、最高裁の判決は棄却。つまり門前払いです。

もう一例挙げると、農地改革で土地を二束三文で巻き上げられた地主の訴えに対する最高裁判決です。

GHQの占領は、統治業務を日本政府に行わせる間接統治です。占領政策を進めるため、連合国最高司令官の命令により、日本の国会が占領政策に必要な法律をつくります。根拠となっているのは、昭和二十（一九四五）年九月二十日に出された緊急勅令「ポツダム宣言ノ受諾ニ伴ヒ発スル命令ニ関スル件」です。このため、占領期間中に日本が出した政令や省令などは、ポツダム政令と呼ばれます。

農地改革は、現代では「農地解放」と、まるで何か良いことのように言われますが、内容は「大金持ちの地主から土地を取り上げて、小作に配る」というものです。連合国側は、ソ連が主張する無償没収と、イギリスが提案した有償買収の二案があり、イギリス案が採用されました。

GHQが日本政府につくらせた根拠法は、自作農創設特別措置法です。時価十億円の土地を百万円で買いたたくような話で、日本国憲法に照らせば、第二十九条の財産権の侵害です。

最高裁はこの訴えを棄却しました。棄却の理由を「農地買収の根拠法になった自作農創設特別措置法で定められた買収額は、日本国憲法第二十九条三項に照らしても正当」としています。

最高裁の判決は、「日本国憲法の条文に何が書いてあろうと、連合国の決めたことが正しい」ということです。しかも、最高裁判決が出たのは、昭和二十八（一九五三）年です。

サンフランシスコ講和条約が発効し、占領が終わったにもかかわらず、人権の侵害に対する救済は認めなかったのです。

マッカーサーが二束三文で土地を巻き上げたことを、憲法学の教科書では次のように説明しています。宮澤の弟子の芦部信喜の教科書は、GHQの占領下で行われた特殊事例としながら、「地主の土地所有権に対する社会的評価が変わったのだから、公共のために同等の額を払わなくてよい」という趣旨です。これを「完全補償説」に対して「相当補償説」といいます。

芦部の憲法には、「……道路拡張のための土地収用のように、特定の財産の使用価値に立ち戻って収用が行われる場合には、市場価格による完全補償がなされなければならないと思われる（略）。ただ、農地改革のように、既存の財産法秩序を構成しているある種の財産権（たとえば、地主の土地所有権）に対する社会的評価が根本的に変化し、それに基づいて、その財産権が公共のために用いられるという例外的な場合にはじめて、相当補償でよいと解される」（芦部信喜、高橋和之補訂『憲法　第六版』岩波書店、二〇一六年、二四〇〜二四一頁）と書かれています。

さらにその弟子世代になると、地主の財産がタダ同然で取り上げられたことに対する批判でも、農地買収自体は必ずしも違憲ではなく、「農地改革自体が総司令部の指令に基づく超憲法的施策であったとしてこれを憲法外の措置であったとするか、もしくは、当該改革が憲法の社会国家理念と結びつくとしてその合憲性を認めている」（野中俊彦、中村睦男、高橋和之、高見勝利『憲法Ⅰ　第5版』有斐閣、二〇一五年／初版一九九二年、四九七頁）という注釈で、正当だと言い切っています。

もちろん、奴隷同然の状態だった小作を解放するのは良いことですが、やり方がありま す。実際、先祖伝来の土地を突然タダ同然で取り上げられて、身売りや自殺をした人が多発したのですから。小作の人権が大事なら、地主の人権を踏みにじっていいわけではない。こういう場合、言い出したアメリカが金を払うのが筋なのですが、知らんぷりです。

これは暴論ではありません。十九世紀の大英帝国絶頂期、奴隷解放が趣味だったイギリスの首相兼外相パーマストン卿は、財産権の侵害となる奴隷貿易廃止を他国に呑ませるため、恫喝《どうかつ》と内政干渉の傍ら補償金をきちんと払っています（君塚直隆『パクス・ブリタニカのイギリス外交―パーマストンと会議外交の時代』有斐閣、二〇〇六年）。マッカーサーの民主化だの人権は口先の思い付きですし、それを正当化したのが宮澤以下の東大憲法学です。

マッカーサーは、財産権の侵害だけでなく、公職追放という手段で内心の自由も踏みにじっています。敗戦直後の右派・軍国主義者の排除だけではありません。

昭和二十五（一九五〇）年六月、朝鮮戦争の勃発前後には、ＧＨＱが共産主義者とその同調者と見られた人々を公職から追放して回る事態となります。いわゆる「レッドパージ」です。当初は教育機関を対象としたものでしたが、朝鮮戦争が始まった後はマスコミや民間企業にも広がり、政府機関・民間企業合わせておよそ一万二千人がパージ対象となりました。

共産党は当然訴えますが、これもまた、「占領軍＞日本国憲法」という理屈で救済はされていません。

憲法は国家の最高法です。その上位の法があったら、名前を「憲法」としていても、憲法ではありません。フランスの第三共和政憲法がナチス・ドイツの占領で憲法ではなくなったというのは、フランス憲法で普通の理解です。同様に、日本国憲法はサンフランシスコ条約が発効するまで占領基本法でした。判例でもそのようになっています。上位の存在の占領軍がいなくなったので、憲法の扱いとなりました。現在まで憲法として扱っています。というのが、最高裁の立場です。

そんな代物を、占領明けから今に至るまで誤植も含めて一字一句変えずに後生大事に使っている。サンフランシスコ条約発効後に、日本国憲法が占領基本法から真の憲法になった。要するに惰性なのですが、これを「法定追認説」と言います。

日本国憲法は国際法違反

ここまで述べた説のうち、「八月革命説」がなぜ通説とされたのか。

根本的に、「限界説」でも「無限界説」でも説明できない問題が二つあります。一つ目は改正のやり方が国際法に合致しているか、二つ目は我が国の歴史に反するのではないか、という問題です。

まず、文明国の通義である国際法に合致しているかです。

ハーグ陸戦法規四十三条では「絶対の必要がない限り、占領地の法律を変えてはいけない」としています。

陸戦ノ法規慣例ニ関スル条約

第四十三条　正当ノ権力事実上占領者ノ手ニ移リタル以上ハ占領者ハ万已《や》ムヲ得サル場合ノ外占領地ノ現行法律ヲ尊重シテ成ルヘク公ノ秩序及衆庶の生活ヲ回復保障スルノ目的ヲ以テ其ノ権内ニ属スル総《すべ》テノ手段ヲ施スヘシ

これは確立した慣習を成文化しているので、条文があってもなくても破ってはいけない国家間の約束事です。マッカーサーは、慣習国際法を破りました。つまり、日本国憲法の制定はまったくの非文明的なことで、国際法と整合しないのです。しかし、この国際法との整合性は、「限界説」「無限界説」のどちらを採っても説明できません。

決定的なのが二つ目です。大日本帝国憲法第一条では、天皇の統治権を規定しています。

大日本帝国憲法
第一条　大日本帝国ハ万世一系ノ天皇之ヲ統治ス

戦前の憲法学は、これを「憲法によって天皇・皇室が定まったのではなく、憲法の前から天皇・皇室はある。第一条の天皇の統治権は、歴史の確認に過ぎない」としています。京大学派はもちろん、東大でも同様です。東大憲法学は、美濃部達吉博士と上杉慎吉の間に論争はありましたが、この二人に清水澄を加えて、全員に共通した大前提なのです。この大前提を、戦前の言い方では「日本憲法」といいます。

敗戦直後に設置された憲法問題調査委員会は、複数の案をつくりました。昭和二十一（一九四六）年一月二十六日の甲案は、松本烝治による案で、第三条から始まっています。同年二月二日の乙案では、第一条に四案出されています。乙案でも少しずつ文言は異なりますが、いずれも統治権の確認です。右の大前提をふまえているからです。

A案　日本国ハ万世一系ノ天皇統治権ヲ総攬シ此ノ憲法ノ条規ニ依リ之ヲ行フ
B案　日本国ノ統治権ハ万世一系ノ天皇之ヲ総攬シ此ノ憲法ノ条規ニ依リ之ヲ行フ
C案　日本国ハ君主国トシ万世一系ノ天皇ヲ以テ君主トス
D案　日本国ハ万世一系ノ天皇之ニ君臨ス
(国立国会図書館―日本国憲法の誕生 松本委員会「憲法改正要綱」と「憲法改正案」)

ところが、現行の日本国憲法第一条は次の通りです。

第一条　天皇は、日本国の象徴であり日本国民統合の象徴であつて、この地位は、主権の存する日本国民の総意に基く。

「日本憲法に反する改定をやって、日本国憲法が誕生したのではないか」という疑問には、京大学派の改正憲法説は、法的整合性を説明できないのです。そのため、「変えられないものを変えたから革命だ」という「八月革命説」が通説となりました。日本国憲法の意義を積極的に説明できるから、という理由です。

法的に〝本来〟正しいのは、実は無効論です。

国際法に反することを占領軍に押し付けられた、日本国の伝統法に反することをされた、だから無効だというのは、二つの問題に明快に答えています。第二次世界大戦でナチス・ドイツに占領されたオーストリアは、ナチスがいなくなった瞬間に憲法以下一切の法令の無効を宣言しました。

日本は、サンフランシスコ講和条約が発効した昭和二十七（一九五二）年四月二十八日、当時の吉田茂首相は無効としませんでした。憲法無効論や、別の憲法にしようという議論も起こりました。しかし、そうこうしているうちにも、日本国憲法の下でたくさんの法律がつくられ、裁判所の判例が積み重なっていき、かれこれ七十年以上経ちます。時機を逃したがゆえに、本来正しいことができなかったということです。

人権尊重

統治と人権

「八月革命説」が宮澤憲法学の土台とすれば、人権尊重は軸です。

現在、憲法学は主に「人権」と「統治」の二つに分けられます。最新の憲法学の教科書も、人権（基本権）と統治（統治機構）の二冊に分かれているのが常です。宮澤、芦部の書いた教科書は一冊にまとまっているのですが、宮澤は成文憲法が人権と統治の二本立ての形式となった由来をアメリカ諸州の憲法典にさかのぼり、「十八世紀の終わりにできたこれらの憲法は、その全体を『権利宣言』と『統治機構』の二つの部分に分けるを例とした」（前掲『全訂　日本国憲法』）と説明します。その影響で一七九一年のフランス憲法に一部取り入れられ、その後の成文憲法が「人間の権利」や「国民の権利」という形で、権利宣言を含むものとなったとしています。

日本国憲法の条文は、全部で百三条あります。第三章に「国民の権利及び義務」があり、第十条から第四十条までの三十一条で構成されています。十条は国民の要件、三十条が納税の義務ですから、それ以外の国民の権利が人権規定です。第三章の二十九の条文は、他すべてと対等なのです。

これらは「人権カタログ」と呼ばれます。日本国憲法は、成立から七十年あまり。一字一句たりとも改正されていませんから、古い憲法なのですが、他国に目を向けると、近年は人権カタログが追加される傾向にあります。

日本でも憲法改正を主張し、具体的な憲法改正草案を発表している団体もあります。そのいずれもが、人権カタログは増やす方向性になっています。

どのくらい増えているのか、国民に対する国の義務を明記したものも含めて数えてみました。平成二十四（二〇一二）年の自民党「日本国憲法改正草案」では八項、平成二十五（二〇一三）年の「産経新聞80周年『国民の憲法』要綱」では十四項目が増えています。自民党に吸収された日本のこころを大切にする党「日本国憲法草案」は、実に十七項目を増やしています（注：私は、たしかに同党で憲法問題の顧問はやりましたが、こんな起草には関わっておりません。むしろ私は、人権規定を最小限に減らし、キチンと守ろうとの案を提出しました）。共通して追加されているのは、家族の尊重や保護、個人情報保護に犯罪被害者への配慮、環境権といったもので、道徳が直接書き込まれているか、もしくは法律や運用でできること、既に法律のあるものです。日本のこころを大切にする党の案に至っては、義務教育無償について、「授業料や教科書、教材、給食その他全てを無償としなければならない」と、細かな項目まで書き込んでいます。

世界中で人権カタログが増えているのは、趣味で書きこんでいるわけではありません。国家統治に必要だからです。目的は国家統治で、人権尊重は手段なのです。ところが宮澤憲法学は目的と手段が逆になっています。その弟子筋が書いた憲法学の教科書では、いちばんはじめに人権と統治の関係を説明するのに、「立憲的意味での憲法とは、人権が保障されるような政治社会のルールを定めたものであり、通常、保障されるべき人権のカタログを宣言・規定するとともに、その保障に適した統治機構を定めている。両者の関係は、目的としての人権とその保障を達成すべき手段としての統治機構としてとらえることができよう」（前掲『憲法Ⅱ　第5版』）、と書かれています。これが土台となっているので、その後の憲法学の理解がまったく変わってしまい、一般には保守派や改憲派と言われている政党や団体の憲法草案も、もれなく宮澤憲法学の頭で「自分たちの政治的理念から望ましいと思われる人権カタログを増やそう」となってしまうのです。

人権条項を増やせば、必ず運用の問題が発生します。たとえば、環境権です。

環境権は昭和四十年代に提唱された権利で、当時は経済成長とともに公害の問題が深刻化していました。政府や企業に対する訴訟で判例が積み重なり、経済・産業活動を一定程度規制することが容認されて、環境に関する法律ができていきます。

では、憲法典に「まともな環境で暮らす権利がある」と書き込むと、どういうことが起こるか。

たとえば、東日本大震災の時のような、広範な被害が起こったとします。特に、原発事故で封鎖されてしまった村に至っては、これ以上ないほど環境権が侵害されています。避難して故郷に帰ることができない人たちが、政府を相手取って違憲の訴えを起こした時に、その補償金は兆円単位の莫大なものになるでしょう。では、最高裁は、本当に政府にそれだけの財政負担を命じる判決を出すでしょうか。それとも、憲法典の条文は政府の努力目標に過ぎないとして、門前払いするのでしょうか。

前者ならば、日本の財政が傾きかねませんから別の問題が生じます。後者ならば、単なる努力目標で書き込んだ意味がありません。いずれにしても、余計な権利など書き込まなければよかったという話になります。

欧州で環境権を憲法に明記している国がありますが、実際に訴訟が乱発されています。そういう国でも、個別の法律で処理するという実務になっています。

現在の日本で「新しい人権」と呼ばれる細かな人権も、今ある憲法条文や法律を根拠に判例が積み重ねられてきたのですから、わざわざ細かい項目を憲法に条文化しなくてもできることです。

ところが保守を自任する人々に改憲案をつくらせると、軒並み人権カタログを増やしています。宮澤のヘッドギアを着けられたままだからです。

通説は「戦前の人権侵害に心を痛めたから」

宮澤憲法学が人権を中心に構築されているのは、宮澤俊義が戦前の人権侵害に心を痛めたことがその理由だそうです。へ〜、って感じですが。

実際に、宮澤俊義は戦後、人権に関して多くの文章を書いています。その中でも、いまだ占領下にあった昭和二十四（一九四九）年に『評論』に発表された「人権の感覚」は、官憲による拷問や、天皇機関説事件を取り上げています。殊に天皇機関説事件については、当時の美濃部達吉博士が社会全体に吊るし上げられたという趣旨に読める書きぶりです。

大日本帝国憲法がつくられる時の議論を紹介し、「明治憲法の下における諸立法においても、人権の保障ということについては、つねに相当の考慮が払われていたのであり、それは、けっして、ときに無批判的にわる口をいわれたように、人権じゅうりんを容認したものではなかった」（宮沢俊義「人権の感覚」『平和と人権─憲法二十年　中─』東京大学出版会、一九六九年）としています。憲法そのものではなく、法の濫用《らんよう》といった運用が悪かったと明言しているのです。

宮澤は同書で、日本国憲法の目的を「日本国憲法の重要な狙いは、いうまでもなく、人権の確立にある。さればこそ、憲法としては、不体裁だとも評されるくらいな詳しい規定をこの点について設けたのであり、そして、それに則して人身保護法が作られ、刑事訴訟法が改正され、刑事訴訟規則が制定されることになったのである」と述べます。そして、社会全般に人権の感覚が行き渡っていなければ、立法措置だけで人権の確立が「完全に実現されるものでない」という考え方です。

人権侵害の定義は、近年は大企業対個人や、マスコミ対個人など、私対私にも持ち込まれていますが、基本は公対私の考え方です。政府や国会のような権力機関、あるいは地方自治体による私人に対する権利侵害が対象です。

私にあたるのは個人から企業まで、公以外のすべてです。権利を侵害された時には、裁判所に訴える権利があります。地方裁判所から始まり、その判決が不服であれば高等裁判所へ、それも不服であれば最高裁判所まで訴えることができます。

裁判所は司法権の行使機関として、日本国憲法第六章に次のように定められています。

日本国憲法
第七十六条　すべて司法権は、最高裁判所及び法律の定めるところにより設置する下級裁判所に属する。
2　特別裁判所は、これを設置することができない。行政機関は、終審として裁判を行ふことができない。
3　（略）
第八十一条　最高裁判所は、一切の法律、命令、規則又は処分が憲法に適合するかしないかを決定する権限を有する終審裁判所である。

第七十六条は、最高裁を筆頭とした地裁までの各裁判所が唯一の司法機関であること、第八十一条は違憲判断ができることを定めた規定です。

違憲判断というのは、簡単に言えば行政による命令行為、国会の立法による法律に対して、憲法に違反しているという判断を下したら、それらの命令や法律の無効を宣言できるということです。だから最高裁は「憲法の番人」であり人権の砦《とりで》なのだ、というのが宮澤の説です。その通りに運用すれば、憲法違反の人権侵害だと判断した場合、裁判所は政府に対して多額の補償命令を伴う判決を出さざるを得ません。あるいは法律の無効を宣言しなければならないかもしれません。三権分立と言いますが、司法権は行政権や立法権に対し、命令を下さねばならないのです。その責任を日本国憲法は求めているのです。少なくとも、宮澤が言い出した「人権尊重」が正しければ。

ところが実際の裁判所、特に最高裁が人権を守るために他の権力と戦うことは稀《まれ》です。GHQの占領政策に対して、最高裁が「それは占領政策なので日本国憲法で判断できません」という態度を貫いてきたことは、前述した通りです。

占領が終わった後の昭和三十年代には、「公共の福祉」が違憲判断の基準となりました。

宮澤は、「公共の福祉」について、実に六頁を割いて解説しています。昭和二十年代の判例を挙げて、言論や表現の自由では個人の自主規制的な解釈を述べ、行政行為と個人の関係では、帝国憲法で言う「公益」に近い解釈を紹介しています（前掲『全訂　日本国憲法』一九八〜二〇三頁）。

結局、何を言っているのかよくわかりませんが、要するに公共の福祉とは「みんなのために我慢しろ」です。当然、人権侵害に対してなんでも「みんなのため」とするのは、帝国憲法とどう違うのだ？　という批判が巻き起こります。

宮澤は「人権尊重」を言い出しましたが、そのやり方は最高裁に丸投げです。だから最高裁は、何でもかんでも「公共の福祉」で人権侵害に目をつぶったのです。こうした現状に、宮澤の弟子の芦部信喜は最高裁が判断する方法を学説として打ち出しました。

まず芦部は、対立する考え方を紹介しながら、人権の具体的限界の判断基準が「必要最小限度」「必要な限度」とあいまいにされていることが問題だとしています。曰く、「なかでも問題なのは、（中略）抽象的な原則しか示されず、人権を制約する立法の合憲性を具体的にどのように判定していくのか、必ずしも明らかでないことである」（前掲、芦部、高橋補訂『憲法　第六版』一〇一頁）。

これは正論です。では芦部はどうしたか？

最高裁がそもそも憲法判断をしなくていい屁理屈を、これでもかと考え出しました。

芦部は次から次へと屁理屈をひねり出しましたが、その代表が「裁量行為論」「統治行為論」です。

「裁量行為」と「統治行為」

まず、「裁量行為論」は、「そんなちっぽけなことを裁判所に持ち込むな」という意味です。「そんなちっぽけな」とは、国会とか政府、行政で解決できることは判断しません、ということです。

たとえば、教科書に出るほど有名なのが「朝日訴訟」です。重度の病気で療養生活を送り、生活保護を受給していた人が、受給額と受給基準について、日本国憲法第二十五条で定める「健康で文化的な最低限度の生活」が守られていないではないかと訴えた事件です。

東京地方裁判所は訴えを認め、一審は勝訴しました。政府は判決直後、基準額を引き上げる法改正をしましたが、裁判自体は政府の上訴により東京高等裁判所に持ち込まれます。原告が訴えた当時の受給金額は妥当だったかどうかが争われ、最終的に「健康で文化的な最低限度の生活を営む」ために必要な金額との差額はあったと認められました。しかし、判決は原告敗訴です。

最高裁の言い分を紹介します。憲法第二十五条一項の条文は「すべての国民が健康で文化的な最低限度の生活を営み得るように国政を運営すべきことを国の責務として宣言したにとどまり、直接個々の国民に対して具体的権利を賦与したものではない」ので、具体的な権利は生活保護法で与えられていて、「何が健康で文化的な最低限度の生活であるかの認定判断は、いちおう、厚生大臣の合目的的な裁量に委《まか》されており、その判断は、当不当の問題として政府の政治責任が問われることはあつても、直ちに違法の問題を生ずることはない」です〈昭和39〈行ツ〉14　生活保護法による保護に関する不服の申立に対する裁決取消請求〉。ちなみに、当時の裁判長は横田喜三郎です。

わかりにくい文章ですが、要は「憲法二十五条の文言は政府の努力目標だから、大臣の裁量に任せる。その結果は政治責任を問われるけれども、違法かどうかの判断には直接つながらない」と言っているのです。

もう一つの「統治行為論」は、「そんな大それたことを裁判所に持ち込むな」という意味です。「そんな大それたこと」とは、主権者である国民の皆様の代表である国会や内閣総理大臣が決めるようなことを判断させないで下さいということです。

これも例を挙げておきます。通称で「砂川事件」と「苫米地《とまべち》事件」と呼ばれる判例です。「砂川事件」は昭和三十二（一九五七）年から六年にわたった米軍基地をめぐる訴訟で、日米安全保障条約の関連法にあたる刑事特別法（通称）違反で活動家が逮捕され、憲法問題に発展した事件です。「基地闘争の天王山」とまで呼ばれました。被告人が「日米安保条約は憲法違反だ。だから安保条約に基づく特別刑法は無効だから無罪だ」と無茶な訴えを起こし、一審が認めたので大騒動になりました。

「苫米地事件」は、昭和二十七（一九五二）年八月二十八日、第三次吉田茂内閣による衆議院解散について争われた訴訟です。この時の解散は「抜き打ち解散」と呼ばれます。国民民主党の苫米地義三《ぎぞう》委員長が解散を違憲として、無効と任期満了までの歳費支払いを求めました。なぜこれが違憲訴訟になるかというと、戦後の議会運用で日本国憲法第七条に定められた天皇の国事行為を根拠とする解散は、当時定着していなかったからです。

いずれの事件でも、最高裁は「高度の政治性を有するものは判断しない」という結論です。門前払いにしました。

最高裁は、「大きなこと」と「小さなこと」の隙間《すきま》のごくわずかな範囲でのみ、憲法に反していないかの違憲判断をします。そのため、最高裁の出す違憲判決はごくわずかで、すべて重要判例とされています。列挙すると次の通りです。国会が定めた法律に対する違憲判決は以下がすべてです。

尊属殺重罰規定違憲判決（昭和48年4月4日）
薬事法距離制限違憲判決（昭和50年4月30日）
衆議院議員定数配分違憲判決（昭和51年4月14日）
衆議院議員定数配分違憲判決（昭和60年7月17日）
森林法共有分割制限違憲判決（昭和62年4月22日）
郵便法免責規定違憲判決（平成14年9月11日）
在外邦人選挙権制限違憲判決（平成17年9月14日）
非嫡出子国籍取得制限違憲判決（平成20年6月4日）
非嫡出子法定相続分規定違憲判決（平成25年9月4日）
女子再婚禁止期間違憲判決（平成27年12月16日）

最高裁は東大憲法学では「憲法の番人」「人権の砦」と言われますが、これが現実です。

制度設計が間違っている日本の最高裁

最高裁は、違憲訴訟が持ち込まれたら、「大きい話」か「小さい話」か判断して、その隙間にあたる案件について審査します。隙間にどのくらい幅があるかというと、具体的な事件のみ扱うのが基本方針です。これを「司法消極主義」といいます。当事者がいる事件になっているものだけを扱います、ということです。

代表的なのは、警察予備隊違憲訴訟です。

占領期間中の昭和二十五（一九五〇）年八月、吉田茂内閣はポツダム政令「警察予備隊令」を出します。現在の自衛隊ができる大元になったものです。

朝鮮戦争の緒戦でアメリカ率いる連合国軍は、戦況不利となるや、日本の再武装を考え始めました。すぐに日本をフル装備させるのは不可能だけれども、極東に置いている米軍は朝鮮戦争の戦力として投入したい。そこで、「日本国内の治安維持は自分でできるようになってもらおう」ということになりました。

ところが、日本国憲法は第九条で軍備放棄を謳っています。そこで、日本社会党が警察予備隊の設置は、憲法九条に違反するのではないかと訴えたのです。訴えたのは、左派社会党の鈴木茂三郎《すずきもさぶろう》です。

吉田内閣が国会の多数で「警察予備隊令」を可決してよいかどうかの訴訟ですから、警察予備隊が設置される前に、憲法理論の解釈を裁判所に持ち込んだということです。

最高裁の違憲審査は、日本国憲法第八十一条をどのように運用するか、憲法公布以来の議論になっています。鈴木茂三郎が根拠としたのも、八十一条でした。

最高裁は訴えを却下して、「同条は最高裁判所が憲法に関する事件について終審的性格を有することを規定したものであり、従つて最高裁判所が固有の権限として抽象的な意味の違憲審査権を有すること並びにそれがこの種の事件について排他的なすなわち第一審にして終審としての裁判権を有するものと推論することを得ない」という、けんもほろろの言いようでした。

さらに「最高裁判所が原告の主張するがごとき法律命令等の抽象的な無効宣言をなす権限を有するものとするならば、何人も違憲訴訟を最高裁判所に提起することにより法律命令等の効力を争うことが頻発し、かくして最高裁判所はすべての国権の上に位する機関たる観を呈し三権独立し、その間に均衡を保ち、相互に侵さざる民主政治の根本原理に背馳《はいち》するにいたる恐れなしとしないのである」と言い切りました。

アメリカの連邦最高裁は、まさにそれが仕事で、日本国憲法はアメリカ型の司法制度をつくろうと設計されているのですが、我が国の最高裁の言い分は「そんな面倒な仕事はしたくない」です。

裁判所が合憲・違憲を審査することを違憲立法審査権といいます。鈴木茂三郎の時のような、理屈や理論、法律の成立過程を審査するのは、戦後の西ドイツ型の手法です。ドイツには通常の裁判所のほかに憲法裁判所があるからです。ドイツの普通の裁判所が違憲審査をしないのと、日本は同じ運用をしているのです。

日本の場合は、アメリカの制度と同じです。特別裁判所の設置が認められていないので、憲法裁判所や軍事裁判所のような、今ある裁判所以外の司法機関を設けない前提となっています。

アメリカの場合は、日々違憲判断をしているのですが、通常の民事事件や刑事事件の裁判に適用しようとしている法律を、裁判の前提として合憲・違憲の判断を行うからです。日本は立法の段階で、憲法や既存の法律との整合性を審査する法制局の存在が根拠となって、アメリカの裁判所のような役割に対する期待が高くないということもあるでしょう。

日本の運用は、制度としてアメリカと同じ、運用においてドイツと同じという状態です。憲法に謳われた建前と実態がまったく異なるのが、日本国憲法の運用です。これでは悪いとこ取りです。

図にします。

ドイツの最高裁判所	通常の事件だけを扱う。憲法問題は憲法裁判所へ。
アメリカの最高裁判所	通常の事件も憲法問題も扱う。憲法裁判所がないので。
日本の最高裁判所	通常の事件だけを扱う。憲法問題は扱わない。憲法裁判所がないのに。

こんな出鱈目を考えたのが宮澤と芦部です。連中にかかれば、権力者が好き勝手やっていい、人権など建前に過ぎないのです。

この点について、前掲の芦部の『憲法　第六版』で補訂を担当した高橋和之東大名誉教授は、「第五版はしがき」で、こんなことを書いています。


日本国憲法がアメリカ型の付随審査制を導入したことを考えれば、アメリカにおける違憲審査制がどのように機能しているかを研究し、それを参考にして日本における憲法訴訟のあり方を考えようとするのは当然のことであり、芦部先生がそのパイオニアとなられたのである。（中略）最近特に注目されるのは、違憲審査方法に関して、ドイツの判例・学説において広い支持を得るにいたった比例原則の考え方に依拠して芦部説を批判する議論である。ドイツにおける憲法訴訟論は、芦部先生がアメリカの憲法訴訟論を研究されていた当時は、まだ緒に就いたばかりで今日のような隆盛は迎えていなかった。（中略）芦部説に対する重要な問題提起であるので、問題の所在は読者も知っておいた方がよいのではないかと考え、今回の改訂で加筆しておくことにした。それを通じて芦部説の特色もより深く理解してもらえるのではないかと期待している。

（前掲『憲法　第六版』Ⅶ〜Ⅷ）

弁護しようがないので、誤魔化しています。

日本国憲法がアメリカ型なのだから、というのですが、それなら違憲審査はもっと行われているはずです。憲法に謳われた通り、本気で日本の司法制度の中で憲法の理屈と理論を扱おうとすると実務は大変です。実務が大変だから、制度と運用のあり方は欠陥ではないのか？　という疑問に答えなくていいわけではありません。しかし、もっともらしい言葉は並べるけれども、問題に真正面から答えないでよいのが東大法学部教授です。

選挙のたびに問題として取り上げられる一票の格差でも、違憲で無効が宣言されることはありません。三倍程度なら「違憲状態」なので、国会が法律を変えて、定数の不均衡を調整せよとなるのですが、平等原則に反していることは確かです。「違憲だけれども無効ではない」という判断を行政事件訴訟法で「事情判決」といいます。

よく「戦前は違憲立法審査権が明記されていなかった」などと言われます。ですが、違憲で選挙無効とした例があります。かの悪名高き「翼賛選挙」、昭和十七（一九四二）年四月三十日の第二十一回衆議院議員選挙の時です。清永聡『気骨の判決―東條英機と闘った裁判官』（新潮新書、二〇〇八年）に詳しくまとめられており、ＮＨＫドラマにもなったので覚えている方もいるかもしれません。内容を紹介します。

翼賛選挙は前年十二月の対米開戦以降、初めて行われる選挙です。国民全員が政府の戦争指導に協力する翼賛体制をつくるため、東條英機内閣は候補者の推薦制を強化します。推薦候補には政府から資金が出ているのですが、政府が直接推薦することは違法です。そこで、「翼賛政治体制協議会」という組織が候補者推薦を行います。有権者の選択肢は、推薦候補か非推薦候補かになりますが、警察や自治体が非推薦候補の選挙運動を妨害しました。

立候補者は千七十九名、うち推薦候補は四百六十六名です。投票率八十三・一%、定数四百六十六議席中、推薦候補三百八十一名、非推薦候補八十五名となりました。推薦候補の得票率は三十四・九%です。

この選挙に対して、「違憲だ」と訴訟が相次ぎます。選挙区民の不利益により、選挙区ごとに無効を訴えるのが当時のやり方です。戦時中ということもあり、東條内閣の報復を恐れた裁判官が続々と訴えを退ける中、昭和二十（一九四五）年、大審院の吉田久裁判長は、選挙無効の判決を言い渡したのです。無効とされた選挙区では、戦争末期ながら衆議院議員選挙がやり直されました。吉田裁判長は四日後に職を去り、中央大学教授となっています。

戦時中が非民主的だったのは確かですが、だからこそ司法の判断として、そんな時に一回の例があることは大きな意味があるのです。

現代、裁判官の地位が確立しているはずですが、「違憲状態」の判断は何回もありますが、選挙のやり直しはゼロです。

最高裁は「この選挙は憲法違反」との判決を下したことが二回あります。しかし、「事情が事情だけに、やり直さなくていい」と言い出しました。事情判決と呼ばれます。混乱させて責任をとるのが怖いのです。

ちなみに、一票の格差は問題となっています。昔だと、東京だと十万票でも落選、群馬だと三万票なくても当選、ということもありました。東京の人の一票の価値は群馬の人の〇・三票ということです。一票の格差は三倍です。

では「これは憲法第十四条が定める法の下の平等に違反するではないか」と訴えられた時にどうするか？

まず、憲法判断をするかどうかに慎重です。最高裁が憲法判断をするとわかった瞬間、新聞の一面を飾ります。普通の人は気づかないですが、読売や朝日のような大新聞だと一面です。それくらい慎重です。

そして判断しても、あれやこれやの理屈で「合憲だ」と決めつけます。

それでも言い逃れができない場合があります。その場合、「違憲状態」という判断を下します。「違憲ではないけれども、国会は法律を変えて対応しろよ」という警告です。これが法律家の言葉かと思うかもしれませんが、「違憲状態」は便利な言葉として乱発されています。

とうとう言い逃れができなくなると、違憲判決を下すこともあります。こうなると未来永劫《えいごう》、憲法の教科書に重要判例として載ります。しかし、選挙をやり直させた例は一度もありません。

一票の格差が人権侵害だとして、どれほどの実害があるかは知りません。しかし、理屈は意味不明です。なんだか、最高裁は「人権救済をしたら負け」と思っているようです。

学界の通説では、宮澤が考えた建前は現実に合わないので、芦部が理論を整理したとされています。私もこの本を書くまでは、そう信じていました。しかし、そうではないのです。これも宮澤の仕掛けた罠の中なのです。

天皇ロボット説

まず、宮澤俊義による説明をそのまま引用しておきます。

天皇の国事行為に対して、内閣の助言と承認を必要とし、天皇は、それに拘束される、とすることは、実際において、天皇を、なんらの実質的な権力をもたず、ただ内閣の指示にしたがって機械的に「めくら判」をおすだけのロボット的存在にすることを意味する。

（宮澤俊義著、芦部信喜補訂『全訂　日本国憲法』日本評論社、一九七八年、七四頁）

宮澤が「天皇ロボット説」を言い出した背景には、前述した吉田茂による「抜き打ち解散」があります。

ＧＨＱの占領政策が転換し、公職追放者の見直しが行われた結果、初期に追放されていた鳩山一郎らの有力者が政界に復帰します。吉田茂が政敵の鳩山一郎を出し抜くために、密かに準備して行ったのが「抜き打ち解散」なのです。

閣僚全員に知らせず、一部の署名だけを得て宮中に参内し、御名御璽を迫るという乱暴なやり方でもあったのですが、ともかくも衆議院に紫の袱紗《ふくさ》が届けられました。

この時に憲法上の問題となったのは、日本国憲法で天皇の国事行為として定められている衆議院の解散だけを根拠に、解散できるかどうかです。他の条文では、第六十九条に「内閣は、衆議院で不信任の決議案を可決し、又は信任の決議案を否決したときは、十日以内に衆議院が解散されない限り、総辞職をしなければならない」とあって、国会が解散となるのはこちらが本来のあり方だとする学説もあります。現在のように「解散は首相の伝家の宝刀」という慣例はまだ固まっていなかったのです。

ちなみに、最高裁が「統治行為論」に依拠した判決を出したのは、内閣が三代変わった三年後で、判決自体に政治的な意義はありません。こういうことは、よくあります。中学生が校則で髪型を強制されるのは憲法違反だ、と訴えて、当事者が高校生になってから判決が出るのと同じようなものです。

宮澤の『全訂　日本国憲法』で、この件を記述した箇所は、天皇の国事行為は内閣の助言によるから、解散する内閣が助言するとその内閣がなくなるのに助言したというのはおかしいし、どちらにしても天皇は言われたまま判子をおすだけで……云々、と数ページ、数項目にわたって延々と書いています。

結局、宮澤の結論は、天皇が内閣に言われるまま「めくら判」をおすロボットだから、それでよいとしているのです。

宮澤を擁護する人は、「天皇が権力者に対して自分の意思を言うと責任を被《かぶ》るので、美濃部達吉博士の天皇機関説と同じ」などと説明しかねませんが、まったく違います。

天皇機関説の元祖は、イギリスの憲政史家ウォルター・バジョットです。代表的な著作で、現在もイギリスの憲法の一部、権威書となっている『イギリス憲政論』では、君主の権利を述べています。要点をまとめれば、次のようになります。

「君主は、平時には儀式を行うだけの存在だけれども、警告権・激励権・被諮問権があり、これにもとづく言論の自由がある。君主を傀儡《かいらい》とするのは国民の望むところではない」

時の権力者との間で三つの権利を使い、国政に影響を及ぼす方法を延々と書いているのがイギリス憲法の権威書の一つなのです。

宮澤自身は、こうしたことをよく知っています。

天皇機関説事件についての本を執筆し、この中で、当時の天皇機関説に対する批判を類型化して、どのような批判だったのかをまとめています。宮澤は「機関説」の語に対する理解の一類型として、「……『機関』ということばを、法律学の法人理論にいう『機関』の意味ではなくて、ひとに使われる機械とか、道具とか、さらに、使用人とかいう意味に理解し、天皇機関説は、天皇が自らの意志にもとづいて主体的に行動することができず、つねにその助言者の助言どおりに行動すべきものと主張すると解する。この意味の機関説は、つまり、天皇を『虚器』ないし『ロボット』にしようという説である。こういう意味の機関説は、非法律家のあいだでひろく見られた理解であるから、これを俗流機関説と呼ぶことにする」（宮沢俊義『天皇機関説事件（下）』有斐閣、一九七〇年、一三六頁）と書いています。

戦前、美濃部達吉博士と激しく論争した上杉慎吉も、穂積八束の後継となる前は、「機関説とは天皇を国家の使用人事務員とするの意に非ざること」（『帝国憲法』日本大学、一九〇五年）と説明しているくらいです。ちなみに戦後になって、宮澤は上杉の過去の説を見て、「変節漢」と批判しています（「狂妄を極めたり」『ジュリスト』四四五号、一九七〇年）。

その「俗流機関説」と同じ内容を、宮澤は憲法学の教科書に書いているのです。

戦前の天皇機関説は、バジョットの言っていることと同じです。帝国憲法第一条は、天皇に統治権があることを確認したものだと前述しました。その大前提があるため、二・二六事件や終戦のご聖断のような有事に対応できます。テロや大災害で内閣機能や政府機関が麻痺したような時、国家自体が消滅しかねないような危機に、天皇が本来の統治者として事態を収拾し、政府機能を回復することができるのです。

日本国憲法では、こうしたことはできないことになっています。なぜか？

本来は、日本国憲法第四条で「国政に関する権能を有しない」と書いてあるだけです。「結果として影響力を行使してはならない」という趣旨ではないのです。それを宮澤は「言われるままのことをするロボット」と解釈し、さらに田中角栄と三木武夫の内閣で内閣法制局長官を務めた吉國一郎が政府見解としました。本来の条文の趣旨を越えて、「天皇は影響力を行使してはならない」というのが有権解釈となったのです。

吉國曰く、「天皇の行動があらゆる行動を通じて国政に影響を及ぼすことがあってはならない」のです（昭和五十年十一月二十日参議院内閣委員会答弁）。これは日本社会党の秦豊《はたゆたか》議員から、天皇の靖国神社参拝、三木武夫首相の八月十五日靖国神社参拝、稲葉修法相の改憲集会出席について問われた際の答弁です。以後、天皇の靖国参拝は行われていません。

今上陛下が譲位の意思を公表した時も、保守と呼ばれる層の人たちが「天皇は憲法に従え」と言わんばかりの発言をしていました。新しい御世での元号も、実際にめくら判をおさせられることになっています。

改憲派と呼ばれる人たちのつくった憲法草案には、日本国憲法の三大原理がしっかり入っています。天皇ロボット説はそのまま引き継いでしまっているのです。

恐るべし、宮澤俊義！

第二章　宮澤憲法学の呪い

良識派保守が蹴散《けち》らされる平和ボケの構図

その昔、護憲派に向かって言ってやったことがあります。

「お前ら、改憲派みたいなバカだな」と。

こんな言われ方をされて護憲派の諸君は、人生で最大の屈辱だと感じる知性があったので、まだ救いがありました。逆に、改憲派の連中に「お前ら、護憲派みたいなバカだな」と指摘してあげても理解できませんでしたから。これは実話ですが、「俺は保守だ！　なんであいつらと一緒なんだ!?」と本気でキレられたことが、一度や二度ではありません。

私は頭が悪い左翼・リベラルのことを「パヨク」、頭が悪い右翼・保守のことを「アホシュ」「呆守（にんべん抜きホシュと読む）」などとバカにしています。日本で二番目にアホな勢力がパヨク、最低がアホシュでしょう（倉山調べ）。

日本国憲法の条文を、誤植も含めて一字一句変えたくないのが護憲派、何でもいいから変えたいのが改憲派です。護憲派にも改憲派にも色々いますが、護憲派パヨクと改憲派アホシュは同じ穴の狢《むじな》です。日本国憲法の条文へのこだわりという意味において。特に憲法九条へのこだわりは異常です。何が何でも九条の条文を守りたい護憲派と、何が何でも九

左上（体制派） ＝現代でも体制派 日本国が嫌いだが、 日本政府の権力は大好き。	**右上（保守良識派） ＝現代でも少数派** 日本国が好きだから、 日本政府を批判する。
左下（共産主義者） ＝現代のパヨク 日本国が嫌いで、 日本政府に抵抗する。	**右下（国粋主義者） ＝現代のアホシュ** 日本国が好きだから、 日本政府への批判を許さない。

条の条文を変えたい改憲派。実は仲間なんじゃないかと思えます。「早慶戦」をやっている早稲田と慶應の仲がいいように。改憲論議など、早慶戦です。そのたとえで悪ければ、昔の国士舘と朝鮮学校みたいなもんでしょうか。

それはさておき。思想を区分するなら、せめて左右だけでなく、上下も加えて、四分割にしてほしいものです。

この四分割を明確にする事例があります。特攻隊への評価です。

大東亜戦争末期、敗色濃厚な中で当時の日本政府と大本営は、特攻隊を組織しました。多くの若者が飛行機に爆弾を積んで体当たりしました。命を捨てて突っ込んでくる日本兵に、アメリカ軍はパニックになります。しかし、何度も繰り返すうちにアメリカ軍も慣れ、特攻隊の多くは体当たりする前に撃ち落とされるようになりました。

これを「左下」は「無駄死に」と一刀両断します。そもそも「大東亜戦争」などという名称は侵略戦争を行った当時の日本を正当化するから使ってはならない、などと占領軍が押し付けてきた「太平洋戦争」の用語を使う人たちです（最近では、「アジア太平洋戦争」などという謎の名称を使っています）。こんな人たちが特攻隊を評価するはずがなく、せいぜい「侵略戦争に利用された犠牲者」くらいの評価しかしませんから、「無駄死に」以外の評価が出てくるはずがないのです。ちなみに安倍晋三首相がパヨクに向かって「こんな人たち」と言って怒られたことがあります。では、ドンドン怒らせるために使いましょう。

こんな人たち！

こうした「左下」の評価に反発しているのが「右下」です。この人たちは「大東亜聖戦」美化論者です。「無駄死に」などという評価は絶対に許せません。「死んだ人を悪く言うな」という気持ちはわかります。「左下」の連中が悪しざまに罵《ののし》るのを許せない気持ちはわかります。勢いあまった「右下」の人たちにかかれば、大東亜聖戦で三百年続いた白人の有色人種に対する支配を打破したのは日本人の人類に対する功績です。見ようによってはそうとも言えるので、それはいいでしょう。しかし、「だから大東亜聖戦に対する一切の批判は許さない」となるので、会話が通じません。

私は、特攻隊に行ってくれた人は無条件で尊いと思います。なぜなら、会ったこともない未来の日本人のために、自らの命を捨てて戦ってくれたからです。今、我々が生きていられるのは、特攻隊の人たちのおかげだと言っても過言ではないと思っています。その人たちを悪しざまに罵る「左下」は、人として如何《いかが》なものかと思います。

しかし、特攻隊に行ってくれた人たちと、行かせた人間の責任はまったく違います。そもそも、大東亜戦争は負け戦です。負けた責任は指導者たちにあります。特攻隊を行かせた人たちです。

私は日本国を愛するからこそ、若者たちを死なせながら戦争に勝てなかった当時の政府や大本営の失敗こそ糾弾すべきだと考えています。こういうことを言うと、「右下」の錯乱した保守からは、「それは後知恵だ」だの「正義の戦いに意味があるんだ。日本はアジアのために戦ったんだ。日本というお母さんは死んだけれども、アジアの国々は独立できたじゃないか」とか言われます。しかし、歴史に学んで反省するのも後知恵なのか？　また、正義を実現するにしても、やり方があります。そのたとえに乗るなら、出産死を喜ぶ人間がどこにいるのか？　マトモな人間は母子ともに健康であることを喜ぶのではないのか？　そもそも、大東亜戦争で日本は「出産死」をしなければならなかったのか？　他に方法がいくらでもあったのではないか？　なかったと、いつだれが証明したのか？

結局、言論界が左と右だけ、実態が「左下」と「右下」だけになったら、正論は通らず真の悪はヌクヌクと生き延びてしまいます。真の悪とは、「左上」のことです。

なぜ特攻隊の若者は死なねばならなかったのか？　当時の指導者が愚かだったからです。日本国への愛国心がないくせに国民の愛国心を利用する。そして自分は地位にしがみつく。

そうした「左上」は、日露戦争に勝った後から勢力を伸ばしました。日露戦争に勝つまでは元老と呼ばれる人たちがいましたが、この世から一人去り二人去り、残った人たちも耄碌《もうろく》するか発言力をなくしていました。

そうした状況が、「大正デモクラシー」と呼ばれます。大正デモクラシーには、良いところと悪いところもあります。一言で言えば、元老が指導してきた明治時代が終わり、次の世代がやってきたのです。

言論界は活発になり、そうした流れは憲法学界にも押し寄せました。

明治三十八（一九〇五）年に日露戦争に勝利すると、列強の脅威に対する日本の国家としての生存という、明治維新以来の政治課題が解決したからです。二つの大戦争に勝つまでは、元老の指導のもと、明治維新以来の藩閥を基礎として育ってきた官僚機構が政治の主な担い手となりました。国民も協力しました。

それが、国際的な環境が安定したので、政治の目的は国内の問題に向かいます。官僚機構内部では、藩閥に代わって学閥が中心となっていく時期にあたります。国民の側では選挙権を持つ人が日露戦争前の三倍という規模になっていました。当時は選挙権付与の条件が納税額だったため、日露戦争中の大増税により選挙民が増えたのです。そして、戦争に協力したのだから、「政治に参加させよ、もう元老や官僚が政治を独占する時代は、終わらせよう」という動きが出てきたのです。

この構図を先の四分割に当てはめてみましょう。

圧倒的多数の日本国民は、日本国を愛するから日本政府を批判しません。従順な人たちです。明治以来の言論界にもこの立場の人はいましたが、たいした勢力にはなりませんでした。

元老は官僚機構（陸海軍を含む）を基盤としていましたが、東京帝国大学出身者が増えるにつれて、「愛国心がないくせに権力は大好き」という人たちが幅を利かせます。官僚は権力が大好きな生き物なのでそれは仕方ありませんが、東大では愛国心を教えていないので、こうなるのです。幕末維新の動乱を潜り抜けてきた元老だから使いこなせた連中なのです。元老が衰えると、「左上」の権力が伸長します。

こうした体制を支えたのが、東大憲法学です。穂積八束と弟子の上杉慎吉は、「天皇親政」を唱えました。圧倒的多数の日本国を愛するから日本政府を批判しない従順な日本国民には受け入れられやすい主張です。しかし、穂積や上杉の書いたものを読むと、実際に天皇が憲法に書かれた大権を行使するのではなく、官僚が国を動かすようになっているのです。たとえば帝国憲法第十一条には「天皇は軍を統帥す」とありますが、天皇陛下が戦場で軍を指揮する訳ではありません。実際に戦うのは、陸海軍の軍人です。それは当然なのですが、軍人たちは穂積や上杉の説を使って、「統帥権は畏《おそ》れ多くも天皇陛下にある。政治家は軍事に口出しするな」と、自分たちの組織益を守るための屁理屈に使い始めます。これを支持する東大生や知識人も出現します。元祖「右下」です。

天皇陛下の名前を使って官僚独裁を正当化する上杉慎吉（穂積は一九一二年に死亡）に対し、敢然と論争を挑んだのが美濃部達吉です。美濃部は、「天皇は日ごろ儀式を行う存在であって、実際の権力は臣下が行使し、責任も臣下が負うべきだ。天皇親政などと唱えていたら、何か失敗したときに陛下に責任が及ぶではないか」と主張しました。「天皇は国家最高の機関だ」と述べたので、天皇機関説と呼ばれます。

何を言っているのかわからない上杉説は駆逐され、美濃部説が学界の通説になり、政官界に広がります。公務員試験では美濃部説を書かねば合格できない状況になりました。ちなみに上杉説が完敗した理由は、三つあります。一つは、上杉説が論理的ではなかったこと。二つは、上杉が美濃部の本を読まずに論駁《ろんばく》し、知識人のほとんどから笑い者にされたこと。三つは、上杉もかつては機関説を唱えていたのに、穂積に教授にしてもらう時に機関説を捨てた過去があり、美濃部に「どうして捨てたのか？」と突っ込まれて何も答えられなかったことです。

美濃部に政治学者の吉野作造も呼応し、京大の佐々木惣一も吉野と歩調を合わせます。民衆は特定の官僚だけが政治を独占するのではなく、民衆の声に耳を傾けねばならない。民衆は政府に盲目的に従うのではなく、国を愛すればこそ健全な批判を行うべきである、との声が高まりました。「右上」の登場です。

憲法学の論争が、言論と現実政治の主戦場（メインストリーム）となった時代の到来です。

しかし、こうした風潮は何年も続きません。一九一七年（大正六年）、ロシア革命が勃発します。共産主義という恐ろしい思想を掲げたウラジーミル・レーニンがロシアを乗っ取り、ソ連を建国しました。

共産主義とは、「世界中の政府を暴力革命で転覆し、地球上の金持ちを皆殺しにすれば、全人類は幸せになれる」という思想です。普通、「左」と言えば、共産主義のことを指します。ソ連は、「全世界を共産化する」と宣言しました。当然、隣国の日本は最大の標的です。ソ連共産党は「天皇制を打倒せよ！」と檄《げき》を飛ばし、スパイを送り込みます。ちなみに、「天皇制」という言葉を考え出したのも、共産党です。

ソ連のスパイ工作活動は、ここ二十年ほどで少しずつ明らかになってきていますが、やり方は意外と基本に忠実です。「周辺から中心に迫る」「自分は頭がいいと勘違いしているバカから籠絡《ろうらく》し、権力の中枢を握ってしまう」です。

その工作ルートを図にしてみましょう。

①大学→②言論人→③マスコミ＆一部財界→④政界反主流派→⑤官僚→⑥政界＆財界中枢

戦後に当てはめると、非常にわかりやすいでしょう。

①東京大学を筆頭にアカデミズム→②朝日岩波御用言論人→③新聞とテレビ→④社会党＆自民党左派→⑤勘違い＆売国官僚→⑥自民党と財界三団体

戦前も同じです。

①東京大学を筆頭にアカデミズム→②左翼言論人（中心は月刊誌『改造』）→③左翼マスコミ（中心は朝日新聞）→④無産政党→⑤革新官僚→⑥近衛内閣

近衛内閣でソ連に乗っ取られたのは昭和十二（一九三七）年で先の話なのですが、それくらい時間をかけてソ連は日本を乗っ取ろうとしたのです。この話をしだすと、何冊も本が書けてしまうのでこれくらいにします。

要は、真っ先に籠絡されたのが、大学、特に東大だったということです。教授も学生も共産主義に走りました。「自分は頭がいいと勘違いしているバカから籠絡せよ」のセオリー通りに。お勉強ができるはずの東大が、共産主義の如き幼稚な思想に席巻されたのには、四つの理由があります。

一つには、共産主義が人類の理想を示していたことです。日本人は生真面目ですから、問題があると解決しなければならないとの強迫観念に陥りがちです。現実の世界を見ればとてつもない貧富の格差がありますし（今も昔も）、日本にもありました。この矛盾を何とかしたい、と思う人には「全人類が平等に幸せになるべきだ」とのわかりやすい主張が受けたのです。

二つには、ツッコミが上手かったことです。共産主義を言い出したカール・マルクスはドイツ哲学を修め、イギリス経済史を徹底的に研究しました。そして当時の資本主義の矛盾点を抉《えぐ》り出しました。「資本主義は機会の均等を言っているが、人類の歴史の中でいつの時点に機会の均等があったのだ？　猿の時代にまでさかのぼらねばならないではないか？　結局、生まれた時から貧富の格差があれば、金持ちの子供は金持ちに。貧乏人の子供は十歳で字も読めないまま働きに出されて一日十二時間労働なんかやっていたら、貧乏人のまま早死にするに決まっているではないか！」と訴えました。厳密には猿は階級社会なので平等社会ではないのですが、やたらと専門用語を羅列して学問的な体裁を装うので、お勉強ができる人に限って幻惑されたのです。そして、他人へのツッコミをしている限り、本性は隠せますから。

三つには、上杉ら「右下」がアホだったことです。いやしくも東大生たるもの、上杉みたいなアホ右翼学生と一緒に行動はしたくなかったのです。東大でも上杉に心酔する変わり者はいましたが、少数派でした。

現代で言えば、ネトウヨよりはシールズの方がマシ、ということでしょうか。シールズと言えば、若者パヨクの代表です。男女とも、見た目はそれなりです。平成二十七（二〇一五）年の安保法制騒動では、シールズの若者がメディアに露出して一大ムーブメントを起こしました。一方で、ネトウヨと言えば、画面のこっちまで加齢臭が届きそうなオヤジが吠《ほ》えているだけです。ネトウヨ親父の中には、「カラオケに入ると、マイクを奪って軍歌を歌い続ける」「朝日新聞解体！　などとデザインされた緑色のダサいジャンパーを着て、目立つように山手線に座り込んで一周する」などという恥ずかしい人たちも実在します。そんな連中と、シールズの女子大生、どっちがマシか。

大正期の東大生も、バカ右翼が嫌で共産主義に走ったのです。

四つには、吉野ら「右上」がまどろっこしく見えたのです。学究的な美濃部や佐々木はもちろん、吉野も現実的かつ漸進的な改善論を説いた穏健派です。当たり前ですが、日露戦争に勝ったのですから、亡国の危機はありません。世界に冠たる大帝国として、ゆっくりと国民の福利を拡大していけばよいのです。極めて現実的な主張ですが、議論になると面白い意見ではありません。メディアでは、「人類の理想を一気に実現するぞ！」式の共産主義の方が受けるのです。教え子たちが次々と共産主義に走り、吉野は頭を抱えることとなります。

そして東大生は、学生時代は共産主義にかぶれ、就職すると「左上」になるのがトレンドとなりました。そういう人たちが官僚になっていくのです。

宮澤が一高に入学したのが、大正六（一九一七）年。東大法学部を卒業したのが、大正十二（一九二三）年。その頃の思想状況です。

攻撃にさらされる大学

バカ右翼による攻撃は、学問の世界にも及びます。

大正八（一九一九）年、東大経済学部の機関誌『経済学研究』創刊号に掲載された、森《もり》戸辰男《とたつお》助教授の論文「クロポトキンの社会思想の研究」が朝憲紊乱《ちょうけんびんらん》にあたるとして問題化します。執筆した森戸と、機関誌の発行・編集人の大内兵衛《おおうちひょうえ》助教授が検察に起訴され、有罪判決を受けた事件です。

この問題化には、東大の学生団体だった興国同志会が関与しました。興国同志会は上杉慎吉を指導者と仰ぐ右翼学生団体です。『経済学研究』が発刊されると同時に、森戸排斥運動を起こし、政府も論文を問題視するに至ります。

東大経済学部教授会は森戸の休職と文部省の国費留学資格を取り消す決定をします。

森戸は、吉野作造が結成した黎明会《れいめいかい》にも参加していました。黎明会は自由擁護の論陣を張ります。佐々木惣一も特別弁護人となりますが、法廷では大審院まで争ったものの有罪判決が下りました。吉野や佐々木は、自分と主張の異なる人間の権利を擁護したのです。

大正期はまだいいのですが、昭和の「憲政の常道」が崩壊した後は、目も当てられません。

昭和七（一九三二）年には、今度は京都大学で滝川事件が起こります。京大法学部教授の滝川幸辰が中央大学で行った講演「トルストイの『復活』に現はれた刑罰思想」が問題とされ、今度は議会でも取り上げられます。「トルストイを引用するとは共産主義者だ」という意味不明の因縁をつけられたのです。ここでも佐々木惣一は自分と思想の異なる滝川の権利を守るために、職を賭《と》して戦いました。

森戸にしても滝川にしても、日本が敗戦するや、それまでのうっぷんを晴らすかの如く、権力主義者として振る舞いました。そんな連中の権利を守ってやる必要があるのかと思われたかもしれませんが、佐々木や吉野は、論敵を倒すのは論戦によるべきであって、卑怯《ひきょう》な手段で社会的に抹殺するようなやり方は採るべきではないと考えていました。真の自由主義者であったとも、甘かったとも言えるでしょう。

なお、滝川事件が佐々木らの辞職で決着した昭和八（一九三三）年、吉野はこの世を去ります。

河合栄治郎事件

正論が通らない事件の頂点が第一章で詳述した天皇機関説事件です。美濃部達吉が学界を追われました。

昭和十二（一九三七）年に支那事変が始まれば、言論界は時局迎合一色です。宮澤俊義が片棒を担ぎ、佐々木惣一の正論に対しことごとく茶々を入れ続けたのはすでに述べました。

こうした行動は、さすがの護憲派の先生方も弁護できないようです。唯一例外が、小林直樹東大教授でしょうか。

小林という人は、絶対的な憲法九条平和主義者で、「ソ連が来れば赤旗をあげ、アメリカが攻めてくれば白旗をあげれば、日本の平和が守られる」と主張していました。職業は東大法学部教授で、宮澤から憲法の講座を引き継いだ人です。宮澤が死んだとき、『ジュリスト』という雑誌が追悼特集を組んでいるのですが、戦時中の宮澤について小林は「〝怯懦《きょうだ》〟呼ばわりすることは許されない」と断言しています。根拠は、宮澤教授が東大で研究と教育をしたので民主日本は利益を享受できたからだそうです。

ふ〜〜〜ん。

第一章でも軽く触れましたが、東大にも自由を守るために正論で戦った人もいました。経済学部の河合栄治郎教授です。

河合は東大法学部を卒業後、農商務省での勤務を経て、東大経済学部の教授となった人です。河合は入省から四年で農商務省を辞職します。河合はどっちかと言えばリベラルだったのですが、そういう河合にとって「左上」のお役所体質に付き合いきれなかったようです。『朝日新聞』に上司批判を堂々と公表して辞めています。河合の東大就職は森戸事件の頃で、河合は森戸に同情的でした。本の出版などでお互いに協力し合っていたようです。

しかし、学説は別です。河合は森戸に限らず、共産主義を徹底的に論駁する論文を次々と発表していきます。時局が戦時体制に突入すると、国粋主義者とも戦い始めます。最初、河合は「右下」右翼など語るに値しないと思って相手にしていなかったのですが、社会的には発言権を持ち、日本を誤った方向に扇動していくことが許せなくて、その誤りを説き始めたのです。世論が同情的だった二・二六事件でも、増長する軍官僚に対する仮借のない批判を展開します。

しかし、まともな言論が通じる相手ではありません。昭和十三（一九三八）年二月、貴族院本会議で河合の著書『ファッシズム批判』ほか三冊が取り上げられます。十月には、大学令第一条違反で発禁処分となりました。

時の文部大臣は荒木貞夫。予備役陸軍大将で、二・二六事件では領袖《りょうしゅう》でした。文部省に忖度《そんたく》した東大総長の平賀譲工学部教授は、河合には休職処分を下します。

まず、もっともらしい手続きとして河合の著書の内容を改める審査会を設けます。審査にあたったのが法学部長の田中耕太郎、経済学部長の舞出長五郎《まいでちょうごろう》らでした。審査会が出した結論は、河合教授に対する辞職勧告です。「罪状」は喧嘩両成敗です。河合は経済学部で「右下」教授の土方成美《ひじかたせいび》と長年にわたり抗争を繰り広げていました。経済学部長年の宿弊を取り除くとかなんとか、テキトーな因縁をつけたのです。大学教授が派閥抗争をやって首になるのなら、自民党政治家なんて命がいくつあっても足りません。文部省とその背後にいる陸軍に睨《にら》まれるよりも、生意気な河合の首を差し出した方が丸く収まるという判断です。

この時の東大の連中、悪いことをしているという自覚はあったようです。後に宮澤ら関係者は、この時の河合の処遇に対する判断は、他学部への波及を防ぐためだったと正当化しています（田中耕太郎・末川博・我妻栄・大内兵衛・宮沢俊義『大学の自治』朝日新聞社、一九六三年）。

河合の教え子や助手たちは、申し合わせて、処分に抗議する辞表を提出します。この中で、申し合わせを翻し、師と仲間たちを裏切ったのが、河合の直弟子で後に東大総長となる大河内一男です。大河内は東大の卒業式で「太った豚より、痩せたソクラテスになれ」と祝辞を述べた人物として知られます。このことに関して、色んな東大教授が「そんな傲《ごう》慢《まん》なことは言っていない」とか事実関係の特定でオタク的な言説を垂れ流していますが、そんなことはどうでもよろしい。本質は大河内がソクラテスを語るにふさわしい人物か否かです。

大河内は、日本の大学教授などブタでもなれると、身をもって証明してくれた人物です。河合事件については、弟子が書いた、『河合榮治郎教授』（江上照彦著、講談社学術文庫、一九八一年、『河合栄治郎全集』別巻に所収）に、だれがどんな態度をとったか、詳細に書いています。

かくして、日本の言論界から命がけで戦う人は追い出されました。頼みもしないのに率先して時局迎合言論をしてくれるのが東大教授です。宮澤に至っては、大本営設置・軍機保護法強化・国家総動員法・大政翼賛会・大東亜省設置・東條英機陸相の参謀総長兼任と、戦時体制で行った陸軍のあらゆる行動を正当化してくれています。京大法学部を追い出された佐々木惣一先生が何を言おうが、現役の東大法学部教授の宮澤俊義の言うことを聞くのが世の常です。

ただ、そういう宮澤ら御用学者の言動を、最も軽蔑していたのは陸軍の軍人たちでしょう。

たとえば、陸相の参謀総長兼任には違憲論がありました。戦時下の貴族院でも追及せねばという動きがありました。この動きを知った東條は、松村義一と大河内輝耕《おおこうちきこう》の両議員を呼び出し、「憲法違反なのはわかっているが、戦争に勝つためだ」と頼み込み、質問を取りやめてもらっています（久田栄正『帝国憲法崩壊史』法律文化社、一九七〇年）。やっている本人すら違憲だと自覚しているのに、理屈にならない言葉を並べて合憲だと世間をたぶらかしていたのが、戦時下の宮澤です。

一方の河合栄治郎は東大教授の職を奪われ、本の出版が許されないどころか、過去の本まで発禁処分で印税も入りません。発禁処分の裁判は、一審では無罪を勝ち取りましたが、二審では有罪となりました。裁判所が権力に弱いのは、今に始まったことではありません。昔からです。この時、代議士の尾崎行雄も不敬罪で裁判にかけられ無罪判決が下っていたので、「二つとも無罪だと具合が悪いから」と、河合は逆転有罪にされたと噂されましたが、真相は知りません。断言できる事実は、河合は正論を唱えたから社会的に抹殺され、犯罪者にまで貶《おとし》められたのです。

良識派保守が十字砲火を浴びる構図

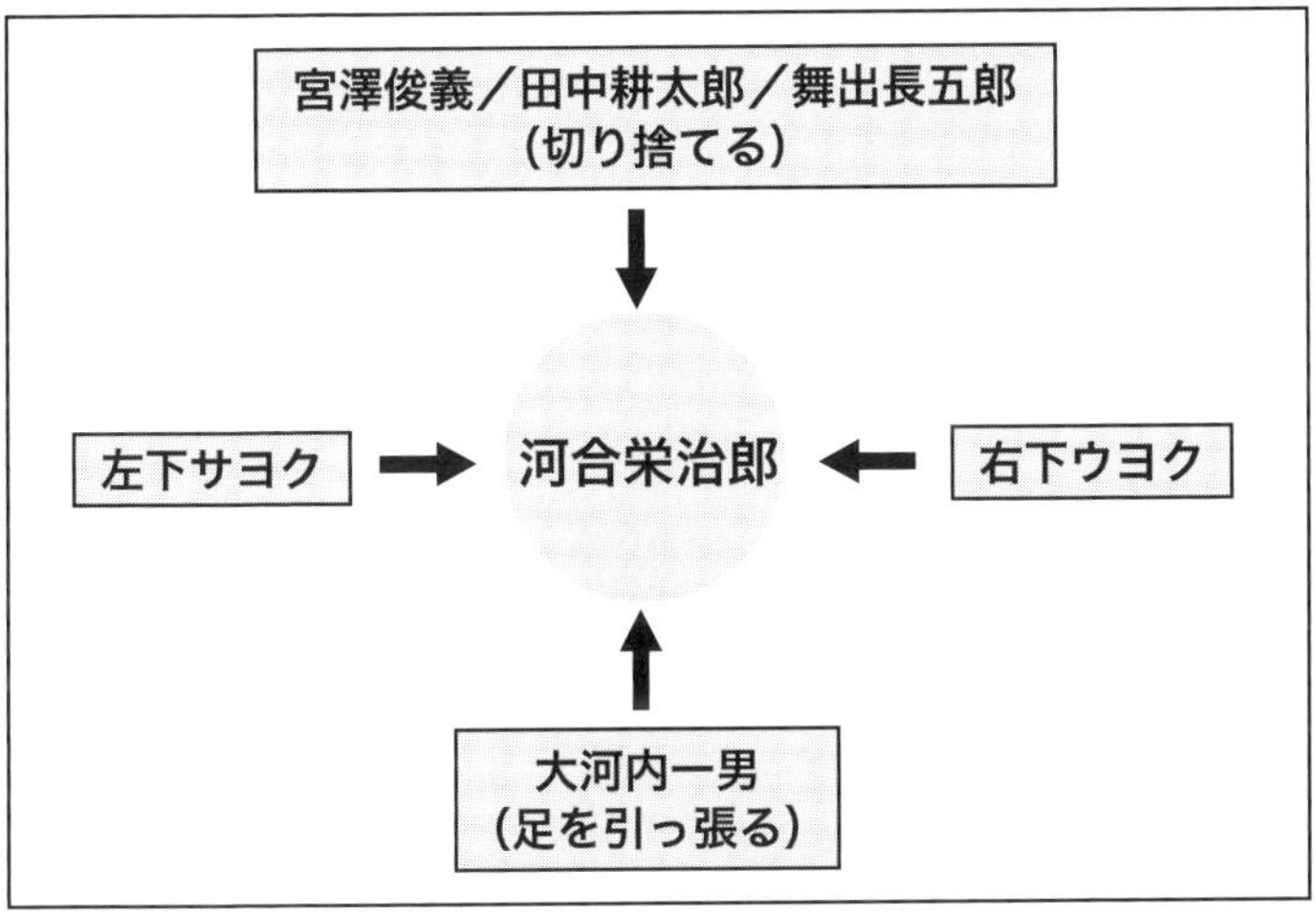

河合は休職処分（事実上はクビ）となった後、長年の教授生活で蓄えた貯金を切り崩しながら研究を続けていました。何度も再演されている、河合と大河内を主人公にした戯曲「長い墓標の列」（福田善之）では、三年間毎日十八時間の勉強をしていた河合が描かれています。そんな河合も昭和十九（一九四四）年二月十五日夜、五十三歳で世を去りました。

さて、宮澤を〝怯懦〟呼ばわりすることは許されないでしょうか。

宮澤は時流に媚《こ》びるのみならず、筋を通した人間を積極的に抹殺しにいっているのです。懦弱のみならず卑怯者でなければ、何なのか。

長々と東大を中心に、日露戦争から敗戦までの言論状況を見てきました。なぜ正論が通らないか、ご理解いただけたでしょうか。正論を訴える良識派保守が十字砲火を浴びる構図が出来上がっていったのです。その最後が河合事件でした。

さて、この状況が変わっているでしょうか？

今も変わっているはずがありません。

東大法学部とは

ここで、東大法学部というのはどのようなところか、お話ししておきます。

東大は明治時代に設立されて以来の官制大学です。西洋の学問がどっと入ってきた時に、優秀な人材を集めて、研究だけではなく、日本語で教えることのできる人を増やさなければという目的がありました。特に西洋法学の理論のわかる人間を育てるため、法学部が重視されたという由来もあるようです（内田貴『法学の誕生』筑摩書房、二〇一八年）。

古いドラマや映画で、よく「目指せ東大！」と大書した紙を机の前に貼って、ハチマキをしめて受験勉強するというシーンを見かけますが、今はともかく、かつては目指して入る大学ではありません。生まれてこの方、一番しか取ったことのないような人が、一番だから行くのが東大で、目的意識をもって大学学部を選ぶというよりも、法学部に入って後々経済学者になるような人も多いところです。

これは宮澤が東大に入った頃も同じで、宮澤は戦後になって、これから憲法を学ぼうという若い人向けの本で、こんな思い出話をしています。

大学を卒業する間ぎわになるまで職業のことは考えなかった。高等学校時代なんか、おさだまりの文学青年みたいなところがあったけれども、文学を専攻する自信もないし、みんなが法学部へ行くから……というくらいの理由で大学へ入ったのです。入っても別に何になるということはそう深く考えなかった。

（『憲法をどう学ぶか』有斐閣、一九八四年、一〇頁）

東大には、よくわからないランク主義があり、文系だと序列は「法学部＞経済学部＞文学部」です。宮澤の発言でわかる通り、「文学が好きでも、成績がいいと法学部に行くもの」と決まっていたのが明治以来の日本の学歴社会なのです。就職の時にランク付けされるからです。

ちなみに、穂積八束の学歴は「東京大学文学部政治学科卒業」です。政治学は社会科学

現在の東京大学法学部の構成

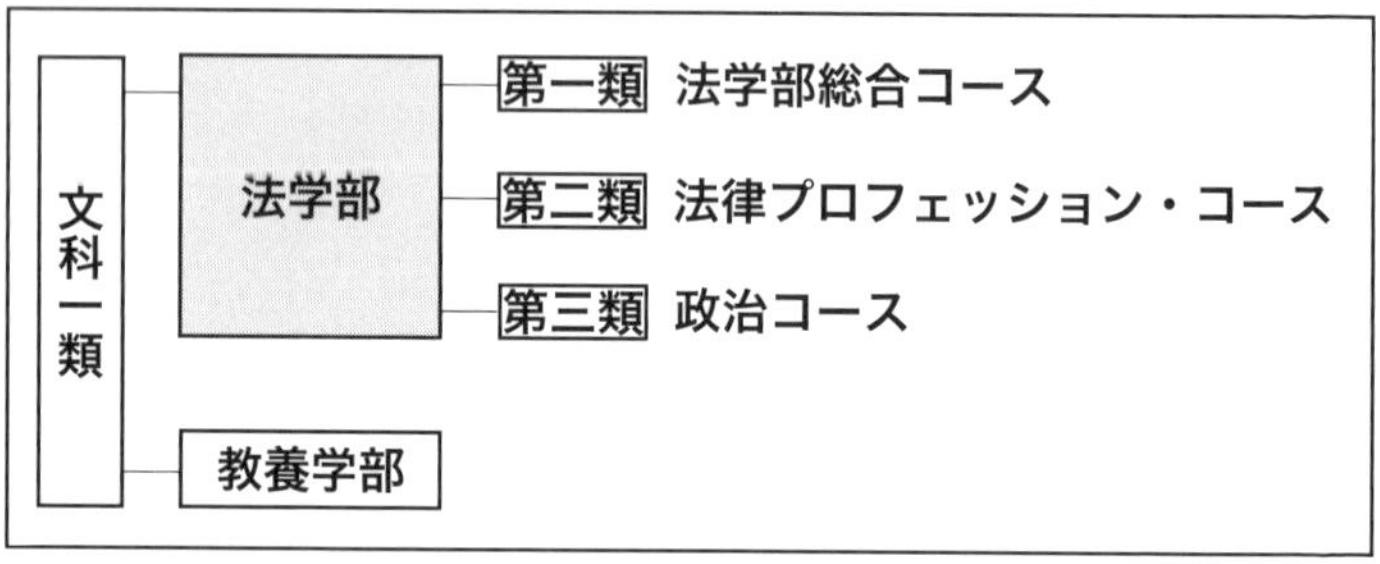

というより人文科学ですから、むしろ文学部にある方が自然です。ところが「法学部に入っても、どうしても法律の勉強が嫌な学生のために、政治学科を法学部に移した」というだけの理由で、学科ごと移籍しているのです。明治十八（一八八五）年のことです。東大には早々と「法科万能」のランク主義が成立していたということです。

かつての東大法学部には、法科一類から三類までの三つのコースがあり、一類から順に私法、公法、政治に分けられます。他大学の学科ほど区別は厳密ではなく、横断的な履修ができるようになっています。

ヒエラルキーの頂点の法学部で、さらに中心に位置するのが憲法学です。

戦前から有名な法学者の出身でいえば、民法学者の我妻栄は法科一類（私法）です。憲法学の宮澤俊義や、国際法の横田喜三郎は法科二類（公法）、政治学者の丸山眞男は法科三類（政治）といった具合です。外部から見てもさっぱりわからないのですが、東大法学部出身者同士では、違いがあるようです。ちなみに、宮澤の後を継いだのが芦部信喜、その後を継いだ野中俊彦・中村睦男・高橋和之・高見勝利は通称四人組と呼ばれます。その次の世代が長谷部恭男、石川健治と続いて、現在有名な「革命第五世代」の木村草太までが戦後東大憲法学の系譜です。

卒業した後の進路の考え方も、他大学と異なります。東大法学部には、最近まで優秀な人は卒業したら助手採用するという慣例がありました。某権威の先生の人生最大の挫折は、大学院に行き、しかも三年間も居てしまったことだとか。他大学では、博士課程三年で助教授になるというのは大変な出世なのですが、東大法学部だけは常識が異なるのです。

助手と大学院生は、やっていることは同じです。大きな違いは、給料をもらうか、授業料を払うかです。

ここまで述べたような仕組みは、戦前も戦後も大きな違いはありません。ただし、中身が大きく違います。もっと前までさかのぼれば、教育自体は明治時代よりも江戸時代の教育の方が優れています。社会層の上から下まで、目的意識を持った学問ができたのは、江戸時代までです。明治時代には、旧制高校が何とかその落差を救っていました。

旧制高校は全寮制です。自分の勉強だけでなく、他の人たちが何をやっているのかがわかる環境です。自分が学んでいるのとまったく別の分野のことも知ることができます。たとえば法学と土木という、一見かけ離れた分野のことをお互いに知っているのです。こうした環境は、専門分野のことだけではなく、視野を広く持って学問や教養を深める素養を育てるのです。

江戸に比べれば旧制高校だって相当レベルが落ちているのですが、それでも教養を学ぶ場としては機能していました。戦後は、それもなくなり、劣化の一途です。

ちなみに、宮澤は旧制高校の筆頭の第一高等学校を卒業。芦部信喜は旧制高校ですが松本高校でいわゆる「ナンバーズスクール」の名門ではありません。高橋和之は戦後育ちですから、旧制高校は出ていません。

本来の憲法学、戦前の憲法学とは

戦前は憲法学は「国法学」と名乗っていました。ちなみに政治学は「国家学」です。

戦前憲法学の系譜を図にしておきましょう。

正統学派	穂積八束　→上杉慎吉　→清水　澄（政府の有権解釈を担う）
立憲学派	一木喜徳郎→美濃部達吉→宮澤俊義（通説）
京都学派	井上　密　→佐々木惣一→大石義雄（少数有力説）

東大は正統学派と立憲学派に分かれ、「憲法」の講座自体も二つに分かれていました。両派の代表としてここにあげた人たちは、学習院大学教授で宮内省御用掛だった清水以外は全員が東大法学部教授です。京都学派の人は三人とも京大法学部教授ですが、大石の教授就任は戦後です。

戦前の憲法学は、現在と教え方がまるで違います。学生たちは、まず国家とは何か、法とは、憲法とは何かを学び、次に「最も重要なのは天皇です」というところから条文の解釈に入っていきます。

戦前の東大憲法学の第一世代は、穂積八束です。国家とは何かを考える時に「祖先教」というものを唱えて、家と国、家長と天皇を同一視した家族制度的国家を主張しました。天皇の主権を「国体」と表現し、天皇と領土・臣民を統治と被統治の関係で見ます。このため、法は主権者の命令であり、権力分立は議院の専制を防ぐもの、立憲制は権力分立のためのもので、君権の制限や民主主義、人権の保障とは関係ないのだ、となります。いわゆる「天皇主権説」と呼ばれる説です。

穂積説は、その後上杉慎吉が継承しますが、矛盾や穴が多く法理論として無理がありました。「国体」の語にしても定義が不明瞭で、民族的特長を表す語と、西欧的な主権と二つの意味が混在しています。

これに対して、一木喜徳郎は国家を多数の要素をふくむ一つの集合体として「法人」とします。元首はその一機関であり、権力を人民に与える一定の方法を立憲制と見て、これにより国家と人民の関係は「実力の関係」から「法律上の関係」となるのだと説明しました。ただし、法を君主の命令とするのは穂積と同様で、議会を「君主による立法の一要素」と位置付けます。これを引き継いで発展させたのが、美濃部達吉の天皇機関説です。

美濃部達吉や松本烝治、上杉慎吉といった東大憲法学第二世代は、学生としてまず穂積説に触れるのですが、色々な表現で「低評価」を下しています。

●上杉慎吉

「曲学阿世《あせい》ノ徒」「穂積八束なる人物は便佞《べんねい》卑屈高官に阿附して其《そ》の説を二三にして富家の駙馬《ふば》となりて栄達を図るとの評判」

●美濃部達吉

「穂積先生は当時既に憲法学者として名声天下に聞えて居り、其の講義は、音吐朗々、口をついて出る語が、おのづから玲瓏《れいろう》たる文章を為《な》して居り、其の荘重な態度と共に、一世の名講義を以て知られてゐたが、殆《ほとん》ど総《すべ》ての点において、一木先生の講義とは、恰《あたか》も対庶的であつて、論理などには一向拘《こだわ》らず、力強い独断的の断定を以て終始せらるるのであつた」

●松本烝治

「一言にしていえば、天皇即主権者、即国家というのであるが、その論法は鋭利、論理は精明で、毫《ごう》も異説をいれないものがある。われわれ学生は、只《ただ》平伏盲従するのみであった」

（長尾龍一ほか『日本の法学者』日本評論社、一九七五年。坂井大輔「穂積八束の「公法学」（1）」『一橋法学』、二〇一三年。高見勝利『講座担任者から見た憲法学説の諸相―日本憲法学史序説―』北海道大学、二〇〇一年。美濃部達吉「退官雑筆」『議会政治の検討』、日本評論社、一九三四年）

さて、この三人の東大生を採点してみましょう。

上杉慎吉はストレートに批判していますので、東大生としては落第です。本当のことを言ってはいけないのが、東大です。

美濃部は一応持ち上げていますが、一木との比較で落としています。及第点でしょう。

しかし、本気にする人がいたらどうするのでしょう。

松本烝治は、持ち上げつつ、後でどうとでも取れる言い方です。事実しか言っておらず、敵もつくっていません。東大生として一番優秀な解答は松本です。

バカバカしいかもしれませんが、そういう世界なのです。

ちなみに、さんざん東大をコケにしていますが、日本の他の大学は東大のコピーなのですから、東大だけを取り上げているだけです。

さて、美濃部達吉は、早いうちから穂積説に対して論争を行いますが、同時に一木に対しても批判的です。一木は内務官僚をしながら東大で教えており、研究や講義よりも官僚としての仕事を中心に据えた生活でした。実際、一木の教え子が卒業する時の謝恩会で、余興に美濃部が「役所の仕事が忙しくて講義の準備ができない」と一木のモノマネをしたくらいです（一木喜徳郎『一木先生回顧録』河井弥八、一九五四年）。

歴史学者の家永三郎は、一木の学説は官僚の立場に軸足を置いたもので、美濃部は輪郭として一木説を受け継ぎ、批判的に内容を発展させたと評価しています（家永三郎『美濃部達吉の思想史的研究』岩波書店、一九九三年、九頁）。ちなみに、美濃部も卒業後は一旦内務省に就職しています。一木の推薦で東大に助教授として戻り、比較法学を教えるようになります。内務省には勅任参事官として籍を置きましたが、登庁してもちょっと世間話をして、すぐに講義のため退庁するので、勅任参事官の「勅参」をモジって「チョコ参」というあだ名が付いたとか（前掲「退官雑筆」）。

天皇機関説が世に出るのは、明治四十五（一九一二）年のことです。美濃部達吉が前年に行った憲法講義をまとめ『憲法講話』を公刊します。ここから、天皇機関説論争と呼ばれる学説論争が始まります。相手は、同僚の憲法学教授だった上杉慎吉です。

家永三郎は、『美濃部達吉の思想史的研究』の中で、美濃部博士の学説の変遷を詳細に追っています。それによると、美濃部博士が東大の教授になったばかりの明治三十六（一九〇三）年には、上杉慎吉の師匠にあたる穂積八束に対して論争を挑み、比較法制史を担当していた美濃部博士が憲法学で堂々の議論を展開しています。上杉との天皇機関説論争以前に、すでにバトルは始まっていたわけです。美濃部は学説に忠実で、東大教授の権威などものともしない人だったのです。こういう人がいたから、大正デモクラシー期に言論の花が咲いたのです。

政党内閣と議会制を支える憲法解釈として、美濃部説が通説となりましたが、穂積・上杉の学説は清水澄が受け継ぎます。五十歳で早逝した上杉に代わって、穂積説の系譜で第二世代の憲法学説を立てたのが清水です。

美濃部、佐々木、清水といった戦前の第二世代は、大正リベラリズムの時代に、憲法学の三大権威となりました。上杉慎吉が三大権威の一人に数えられることがありますが、天皇機関説事件までは美濃部が憲法解釈の通説、政府解釈は清水説です。憲法学では「顕教と密教」という言い方をします。天皇機関説事件後も、生き残ったのは清水説です。

清水説が政府解釈を支えた代表的な例が、満洲事変での憲法解釈です。林銑十郎《はやしせんじゅうろう》率いる朝鮮軍の出動は、天皇の勅命なしに行われたことで憲法違反にならないのかを問われます。本来は勝手に天皇の軍を動かすことは、陸軍刑法で死刑または無期の重罪なのですが、清水による「政府が追認したから、憲法違反ではない」という解釈で落ち着いています。

これは民政党若槻礼次郎《わかつきれいじろう》内閣の時の事件ですが、政友会の田中義一内閣などは、憲法問題が起きるたびに清水に頼み込んで助けてもらっています。

東大に次いで、明治三十（一八九七）年に設立された京都大学も、事情はあまり変わりません。第一世代の井上密《いのうえひそか》は、天皇主権説を採りながら、立憲的運用を説いています。井上の弟子にあたる佐々木惣一が学説を発展させ京都学派を確立します。

京大の佐々木説は、通説にも政府見解にもなっていませんが、一貫して少数有力説の立場を守ります。それぞれの学説を戦わせることで学問は発展していきますから、佐々木説もまた、重要なのです。

日本の憲法学を発展させた第二世代は、自分で学問をした人々です。その学問の基礎となっているのが歴史と、外国法との比較です。

第一章で、三大権威の美濃部・清水・佐々木に、穂積・上杉まで含めて、共通している大前提を「日本憲法」と紹介しました。繰り返しになりますが、「帝国憲法が天皇を規定しているのではない、天皇は憲法の前から歴史的に存在している」という考え方です。憲法は歴史を条文化したもので、歴史に法の思想を発見するのが法哲学です。ここで重要になるのが外国法との比較です。哲学や思想は日本だけのことを見て勝手に考えたものではなく、外国法はどのような考え方をもとに出来上がってきたのかを研究し、日本と比較することで何が違い、何が普遍的なのかを見出します。だから美濃部や清水、佐々木は「国家とは何か」から国法学の講義を始めます。穂積・上杉は「天皇とは」から始めるので、理論にならず宗教になってしまいます。

法哲学を考えた後に、では現実でどのような運用をしていくのか、というのが解釈学です。戦後憲法学との大きな違いは、ここにあるのです。

戦前の憲法学を学んだ宮澤俊義は、法哲学・憲法史・比較法が頭に入っています。「日本憲法」という大前提もふまえています。ところが、芦部以降の戦後憲法学の人たちは、歴史から断絶したところから始まっています。『帝国憲法の真実』（扶桑社、二〇〇〇年）の参考文献として、芦部信喜の書いた憲法の教科書、『憲法』（岩波書店、一九九三年）をあげましたが、仕方なく読んだその本の解説を再掲します。

宮沢はワルなりに筋が通っているが、芦部は粗雑な頭で珍妙な学説を展開しているので、こんな悪書を教科書に使われる学生は不幸としか言いようがないが、教員もまた同様である。この苦痛から逃れるには、法律家の道をあきらめるか、〝東大憲法教〟に入信するしかない。

（「参考文献・コメント」『帝国憲法の真実』二一八頁）

断言しますが、アシベはアホです。日本の歴史を知らない。外国の憲法も知らない。政治のこともわからない。言ってしまえば、アシベには憲政史の素養がありません。日本国憲法の条文と睨《にら》めっこして、得手勝手な理屈をこねくり回しているだけです。学問でも何でもありませんから、そこに哲学など出てくるはずがないのです。

もう少し補足すると、「戦前」と一口に言っても、宮澤が憲法学を学んだ大正時代と、芦部が勉強した敗戦前後では、まったく事情も違います。

戦後、比較法や歴史を無視する方向へ行きました。芦部以降の人々は、自分たちがやっていることは法哲学だと思っているのですが、勝手な政治的主張をしているだけです。原因は「八月革命説」で歴史断絶を正当化したところから、戦後の憲法学が出発しているからです。

企業でも役所でも、法規先例に通じている者は、尊敬されます。いわんや、憲法学においてをや。ところが、憲法学者が「日本国憲法より前の歴史など、知らなくていい」とやり始めたのです。そのアシベの孫弟子、曽孫弟子の世代になると劣化コピーが極まるに決まっています。

ついでに言うと、アシベ以降の憲法学者は、外国との比較を極端に嫌がります。なぜなら、外国の憲法学と比較なんかすると、今の憲法学者が出鱈目をやっていることがバレるからです。

嘘だと思うなら、「比較憲法学会」というところに行ってみてください。護憲派のセンセイ方なんか、いません。

ちなみに、「憲法学会」は改憲派の学者の集まりです。不肖倉山だって、発表したことがあるくらいですから。ド〜でもいい話ですが、改憲派の領袖だった故・竹花光範先生が会長だった時代の最後の入会者が、不肖倉山です。

みんなが想像する護憲派の結社は、「日本公法学会」です。左翼教授の巣窟《そうくつ》です。そこをさらに尖鋭化させた極左集団が、「全国憲法研究会」です。その規約第一条が、学術団体というより、もはや宗教団体です。

全国憲法研究会規約第一条

本会は、憲法を研究する専門家の集団であって、平和・民主・人権を基本原理とする日本国憲法を護る立場に立って、学問的研究を行ない、あわせて会員相互の協力を促進することを目的とする。

いきなり、平和・民主・人権の三大原則を掲げる日本国憲法を守る護憲派集団である、つまり改憲派は受け付けないと、高らかに宣言しています。学会なのに、自分と異なる者の意見を聞く気がない……。この人たち、学会発表のことを「集会」と言っていますが、実態を表しています。

学界の事情を言うと、「憲法学会」と「比較憲法学会」はほとんど人がかぶります。学界の少数派です。この両学会で細々と生きている改憲派の先生は、実数だと護憲派の十分の一くらいでしょうか。日本公法学会と改憲派の力関係は、自民党と共産党以上の開きがあります。笑うしかないのは、日本国では共産党は自民党の十分の一くらいしか数がいないのに、憲法学会だと共産主義者より左の連中が主流派で保守が逼塞《ひっそく》していることです。

話を戻しましょう。

宮澤俊義は、日仏英独米の憲政史に通じていました。宮澤は、わかっていて悪事を働いているのです。一方のアシベは、法制史・比較法・法哲学の勉強をしていません。わかってないのです。オツムのレベルで差があるのです。

しかし、アシベを改憲派は笑っていられません。なぜなら、改憲派は日本国憲法制定以来七十年以上、誤植も含めて一字も変えられていないのです。負けっぱなしなのです。そして、護憲派に政治力で勝てないだけでなく、オツムでも負けているのです。

改憲派の口癖が「九条一点突破」です。安倍内閣が六年も続いてできなかったものを誰がどうやってやるのかと疑問に思うかもしれませんが、某大学の名誉教授先生は「ワシの目が黒い内に、九条が変わるところが見たいんじゃぁ〜」と、目を血走らせています（物理）。

では、九条を変えるとどうなるのか？　今の自衛隊は、「タマに撃つ、弾がないのが、玉に瑕《きず》」などと自衛官が自虐的にボヤく有様です。射撃訓練もマトモにできない、「実はアメリカ軍楽隊より弱いのではないか？」などと噂されているくらいですが、憲法九条が変われば突然強い軍隊になるとでも言うのでしょうか？　訓練費なんて、憲法どころか法律を変える必要もなく、予算をつければいいだけです。ところが、「九条なんか変えなくても財務省に行って予算をとってくれれば自衛隊は強くなるんじゃないですか？」と疑問を口にでもしようものなら、「貴様は共産党の回し者の護憲派か！」などと怒鳴り出す始末（実話）。

アシベのような護憲派も、改憲派のオジサンも、共通するのは、「日本国憲法の条文が日本の憲法のすべて」と思っているところです。

憲法九条を守れば平和が守れると思っている護憲派も、憲法九条を変えれば自衛隊が強くなると考えている改憲派も、同じ穴の狢なのです。実際、「九条の理念を守って自衛隊に何もさせないぞ」とする護憲派と、「九条を変えなければ何もできないんだから」と九条を変えなくてもできることすらしてこなかった改憲派、結果として行動は同じなのです。言っていることは逆ですが。結果、「タマに撃つ、弾がないのが、玉に瑕」の自衛隊の出来上がりです。

丙丁つけがたい争いですが、マシなのは護憲派です。一つは、「日本国憲法の字句を、誤植も含めて一字一句変えさせない」という目的を達しているからです。この点で、護憲派は改憲派に完勝です。

もう一つ。さすがに、マトモに「アシベの憲法」を読んでいる人は、日本国憲法の条文が日本の憲法のすべてではないことくらい、知っています。

証拠をあげましょう。「アシベの憲法」の冒頭です。

1　形式的意味の憲法と実質的意味の憲法

憲法の概念は多義的であるが、重要なものとして三つ挙げることができる。

㈠　形式的意味　これは、憲法という名前で呼ばれる成文の法典（憲法典）を意味する場合である。形式的意味の憲法と呼ばれる。たとえば、現代日本においては「日本国憲法」がそれにあたる。この意味の憲法は、その内容がどのようなものであるかには関わらない。

㈡　実質的意味　これは、ある特定の内容をもった法を憲法と呼ぶ場合である。成文であると不文であるとを問わない。実質的意味の憲法と呼ばれる。この実質的意味の憲法には二つのものがある。

⑴　固有の意味　国家の統治の基本を定めた法としての憲法であり、通常「固有の意味の憲法」と呼ばれる。国家は、いかなる社会・経済構造をとる場合でも、必ず政治権力とそれを行使する機関が存在しなければならないが、この機関、権力の組織と作用および相互の関係を規律する規範が、固有の意味の憲法である。この意味の憲法はいかなる時代のいかなる国家にも存在する。

⑺　立憲的意味　実質的意味の憲法の第二は、自由主義に基づいて定められた国家の基礎法である。一般に「立憲的意味の憲法」あるいは「近代的意味の憲法」と言われる。一八世紀末の近代市民革命期に主張された、専断的な権力を制限して広く国民の権利を保障するという立憲主義の思想に基づく憲法である。その趣旨は、「権利の保障が確保されず、権力の分立が定められていない社会は、すべて憲法をもつものではない」と規定する有名な一七八九年フランス人権宣言一六条に示されている。この意味の憲法は、固有の意味の憲法とは異なり、歴史的な観念であり、その最も重要なねらいは、政治権力の組織化というよりも権力を制限して人権を保障することにある。

（芦部信喜、高橋和之補訂『憲法　第六版』「第一章　憲法と立憲主義　二　憲法の意味」）

長々と引用しましたが、要するに憲法と憲法典の違いです。形式的な意味の憲法とは憲法典、たとえば日本国憲法が最たる例です。実質的な意味の憲法が本来の意味の憲法で、国家の根本法（＝固有の意味の憲法）のことです。その中で特に、「権力の制限」「権利の保障」を実態として伴えば、立憲的な意味の憲法、近代憲法となります。芦部の解説を読んだって、近代憲法の条件が成文憲法であるかどうかはどっちでもよいとわかります。大事なのは、実態です。

もっとも、私なんかは日本国憲法より先に帝国憲法を勉強したからわかりますし、外国の憲法を先に勉強している人は読み取ることができるでしょう。しかし、イの一番がアシベだった場合、「日本国憲法の条文が憲法のすべてなんだ」と勘違いしかねないですし、条文が何よりも大事だと思いかねない書き方をしていますが。

アシベの訳がわからないのは、ときどき法律の話ですらなくなることです。「アシベの憲法」で最も惨いのは、「国会」の章の解説です。

日本国憲法第四章「国会」は、第四十一条で始まり六十四条まであります。普通、法律の条文は、大事なことから前の方に書きます。

ところが、アシベは第四十三条から解説を始めます。

日本国憲法
第四十三条　両議院は、全国民を代表する選挙された議員でこれを組織する。

いきなり、ここにある「代表」の意味を延々と説明しはじめます。国会議員は全国民の代表であって云々……。「特定選挙区や業界団体の利益の代表であってはならない」のかなどと力づくで読み取りましたが、それにしても単なる政治論であって（しかも実態とまったく乖離している）、法律の話ではありません。

さんざんアシベ様の講釈を聞かされてから、ようやく第四十一条の話に入ります。

日本国憲法
第四十一条　国会は、国権の最高機関であつて、国の唯一の立法機関である。

微に入り細に入り、言葉の意味を説明してくれます。「国権の最高機関」「唯一の立法機関」の意味を。

小学校以来、社会の授業で日本は三権分立の国だと習っています。それなのに、国会が内閣や裁判所に優越して「最高機関」である。絶対に両立できないではないか？　アシベ様は多くの純真な大学生の子供の頃からの疑問を一刀両断に答えてくれます。

この規定は「政治的美称である」！　と。

は？

もう一度見直します。

政治的美称である！
は、はぁ～？

こちらの斜め上を行く解説は続きます。

この規定は、法律的には無意味な、政治的美称である。

アシベ様は言い切ります。が、「美称」ってなんだ？
と考えると、結論は簡単です。

かっこいい♫

です。

これ、法律の本なのか？
そんな読者の疑問をすっ飛ばして、まだまだ続きます。次は「唯一の立法機関」の説明です。

アシベ様は、明治憲法下の衆議院がどれほど無力な存在で、戦前日本がどれほど非民主的な国だったかをこれでもかと罵倒します。

曰く、選挙で選ばれていない人たちの集まりである貴族院が衆議院と対等の存在としてことごとく邪魔をしてきた。曰く、枢密院というよくわからない存在（確かにアシベの解説で枢密院が何者かわかったら超能力者）が常に邪魔をしていた。曰く、議会と関係なく天皇の名前で勅令が出され、法律など有名無実だった。曰く、そもそも衆議院議員選挙は長らく財産制限があり、敗戦まで女性には参政権がなかった。

ツッコミどころ満載の歴史認識ですが、何も知らない人が読んだら信じちゃうでしょう。それはさておき、一応「アシベの憲法」は法律の本のはずです。要するに、「今の憲法では選挙で選ばれた国会だけが法律をつくることができる」と言いたいらしいのです。それはわかりました。

その次から、延々と唯一の立法の「例外」が列挙されます。

私なんかはこの時点で、ノイローゼになりそうになりました。なぜこんなに「アシベの憲法」の、それも「国会」の章を丹念に読んだかというと、「アシベの憲法」の解説書を書いたことがあり、国会の章を担当したからなのです。他の章では、それなりに法律の話をしているのですが、国会の章は突如としてアシベの趣味の政治の話になるのです。しかも、愚にもつかない……。

教科書として「アシベの憲法」を読まされて、私と同じ気持ちになった人は多いのではないでしょうか？


なぜ、解説が四十三条から始まるの？

なぜ、三権分立なのに国会が最高機関？

なぜ、「唯一」なのに例外だらけ？


そんなことを気にしてはいけないのが東大憲法学です。教祖のご託宣を信じ、解釈することが信心の道なのです。

今のアシベ&四人組の東大憲法学は、穂積・上杉と同じです。自分の授業の完コピを一〇〇点として、どれくらい再現できていたかで点数をつけているのです。むしろアシベの方が変に理屈っぽいので、今の東大憲法学の方がカルト度は上がっているような気がしますが。

ちなみに宮澤は、「国民代表の概念」という論文で「議会が全国民の代表だという思想は、実定法上なんらの根拠もないフィクション」と説明しています（「国民代表の概念」

『公法学の諸問題：美濃部教授還暦記念』有斐閣、一九三四年)。

どういうことかというと、国会議員を国民の代表だと見るのは、しょせんは単なる理想です。現実の国会議員は各々の選挙区で当選した、選挙区の代表なのです。それで、憲法第四十三条に「国民の代表と書いてあるのだから、選挙区の利益なんか無視しろ！」と言っても誰も聞きません。本気で聞いた議員は、次の選挙で落選するだけです。では、国民全体を無視して、選挙区の利益に走った議員は憲法違反なのでしょうか？　憲法違反なので、何か罰則があるのでしょうか？　ありません。

それくらい、アシベの言う、「国会議員は憲法第四十三条で規定されているように、国民の代表なのだ！　一部の国民の代表ではないのだ！」という理論には何の意味もないのです。日本国憲法の条文の全部がそうだとは言いませんが、かなりの部分が単なる理想なのです。

ちなみに、宮澤の教科書では、こんな「ワードにたかる」みたいなことはしません。

宮澤は国会の解説として、まずアメリカとフランスの革命に触れた上で、イギリス憲政史を説き起こします。そしてイギリス憲政の思想が明治十年代以来どのように日本で議論され、そして受容されていったかを語り、帝国議会と今の憲法の国会の違いを説明します。

四十一条の「国権の最高機関」は「いささか不明確」と批評します。のみならず、比較として持ち出すのがなんと、ソ連のスターリン憲法（一九三六年）第三〇条と第五十七条、中華人民共和国憲法（一九七五年）第十六条、ハンガリー憲法（一九四九年）第十九条、東ドイツ憲法（一九六八年）第四十八条です。日本国憲法（一九四七年）も含め、「国権の最高機関」の元ネタ（法律用語で母法）は、スターリン憲法だとわかるようにしているのです。

四十三条に関しても、イギリス議会の概念がどのように明治に輸入されたかから説き、マッカーサーの立法趣旨まで解説して、憲政史と比較法の手法で説明しています。

宮澤は、外国法との比較を恐れないのです。

戦前は大学以前の高校段階で、英仏独の三か国語が必須でした。当時、一高東大のエリートコースを歩む学歴秀才は、普通に三か国語ができたのです。その中でも宮澤は特に秀才で、英仏独の語学のみならず、それぞれの国の憲法・政治・歴史に通暁していました。

戦前憲法学で外国法との比較が必須だったのは、法理論そのものだけではなく、理論の背景を研究するためです。一方で、戦後憲法学が外国法との比較を嫌がるのは、理論背景となる歴史の話を嫌うからです。

宮澤はワルではありますが、バカではありません。ワルどころか、確信犯です。時に正直に、時に知っていて隠すこともあるのです。

宮澤が執筆に参加している『世界憲法集』（岩波書店、一九六〇年）で取り上げられている国を見ると、よくわかります。アメリカ合衆国憲法、ベルギー国憲法、イタリア共和国憲法、ドイツ連邦共和国基本法、フランス共和国憲法、ソビエト社会主義共和国同盟憲法、ポーランド人民共和国憲法、中華人民共和国憲法、日本国憲法。

見事に共和国に偏っています。申し訳程度に君主国のベルギーを入れているに留まります。建前では他国の憲法を研究するのは重要だとしていますが、憲法の上に党があるソ連や中国を研究しても意味がありませんし、当時のポーランドは事実上主権国家とは言えないので参考になりません。宮澤は、戦前の中華民国憲法の研究で、「憲法典に何が書いてあっても、実態が伴わなければ意味がない」と書いているのですが、そんな話はなかったことにしているのでしょう。

世の常として、騙されないためには、何を言っているかよりも、何を言っていないかが大事です。手がかりとして、同じように戦後に編まれた京大学派大石義雄先生の比較憲法集で取り上げている国を見てみます。アメリカ、ソ連、中国、イギリス、フランス、スイス、イタリア、スウェーデン、スペイン、トルコ、ドイツはナチス・ドイツと戦後の基本法両方、ベルギー、ブラジル、エチオピアを採録しています（大石義雄編『世界各国の憲法典』有信堂、一九五六年）。

君主国と共和国のバランスが取れています。

宮澤は、その後継となった芦部や、その後の世代とは身に付けた知識が異なります。当然、発想も異なります。

戦前に書かれた『憲法大意』や『憲法略説』といった憲法学の書籍は、戦後に書かれた教科書に比べて記述に無理がありません。きわめて普通です。

法学者として鋭い指摘を残しているものもあります。たとえば、昭和十七（一九四二）年の『新法学全集』第二巻で宮澤が執筆した「皇室法」の摂政の項です。

摂政が立てられる場合の一つは「天皇久シキニ亙ル故障ニ由リ大政ヲ親ラスルコト能《あた》ハザルトキ」で、この状況に陥ったことを認定するのは皇族会議と枢密顧問なのですが、天皇の諮詢を受けて奉答する原則です。それでは、当の天皇がその判断をできない場合もあるのだから、皇族会議が自ら言い出すことも必要だ、という指摘です。大正天皇の御不例によって、昭和天皇が皇太子時代に摂政を務めたことは、宮澤にとってリアルタイムの出来事です。

この経験から、宮澤は基本を押さえつつ、非常時の場合の欠陥を指摘しているのです。法学者として有能です。

ところが、日本国憲法の絵に描いた餅を本気で信じて、空理空論を言いたがるのがアシベを信奉する憲法学者です。

重要な憲法判例に、八幡製鉄政治献金事件があります。某企業（判例名でバレバレですが、法学書の慣用表現です）の経営陣が、某政権与党（自民党に決まっている）に政治献金をしたことに対し、弁護士でもある株主が「会社の定款に反する」と訴えた事件です。原告の訴えを、一審は認めました。当然、某企業（八幡製鉄所）は控訴し、高裁では判決が逆転して原告敗訴。最高裁では、二審を追認します。

のみならず、「会社にも人権があるんだ！」「人権の一つには参政権がある！」「参政権とは政治活動の自由だ！」「政治活動には企業献金の自由は含まれる！　むしろ主要活動だ！」という無茶な主張を判決文に入れました。当時の最高裁長官の石田和外《いしだかずと》さんはバリバリの保守主義者でしたので、「企業が政権与党に政治献金して何が悪い！」と原告のパヨクに怒り狂ったのでしょうが。

この事件でアシベ憲法学の信奉者が何を考えるか。最高裁判決なんて無視です。重視するのは、一審判決です。「金権政治への警鐘を鳴らした八幡製鉄事件の一審判決に感銘を受けて」、弁護士や憲法学者を目指す人が続発するのです。

アシベの憲法を学んでいると、現実と何の関係もない理念に走りたくなるのですが、芦部信喜本人がそういう思考回路の持ち主なので、仕方ありません。

ちなみに、芦部がなぜ宮澤の後継者の地位を得たか。

一つには宮澤の講座を直接継いだ小林直樹が、あまりにも極端な左翼だったからです。自衛隊廃止をブチあげる小林の理論は、官僚の実務には使えません。小林が「左下」の道を突き進むのに対し、芦部は権力と妥協する「左上」の理論を構築します。口では「人権尊重」「平和主義」を絶叫しながら、「最高裁は憲法判断（人権救済）をしなくてよい」「自衛隊を廃止する必要はない」と、官僚のやったことを正当化してくれるのです。ありがたい存在です。

二つには、他にもっと優秀な弟子がいたけれども、赴任した先の大学で偉くなりすぎたので、東大に戻れなくなったと言われています。

これは護憲派も同意してくれると思いますが、上智大学教授の佐藤功《さとういさお》と東北大学教授の小嶋和司《こじまかずし》は、どう見てもアシベより優秀です。戦後の東大憲法学に批判的な私から見てもです。

佐藤は法制局に勤め実務を知っていますし、小嶋は憲法学者に珍しく財政がわかる人でした。二人とも帝国憲法も理解しています。

東大にも色々いて、アシベは特にアホなのです。

先行研究——宮澤俊義は、どう語られてきたか

宮澤俊義は、批判派からは変節漢として糾弾されています。宮澤と同世代の大石義雄先生は、その筆頭でしょう。

大石先生は、明治三十六（一九〇三）年生まれで、宮澤と同世代の学者です。京都帝国大学法学部に学び、卒業後は教授職に就きました。佐々木惣一先生の京都学派に連なります。戦後は学術だけではなく、保守系の団体や運動にも関わりました。昭和五十一（一九七六）年設立の「英霊にこたえる会」や、昭和五十六（一九八一）年に発足した「日本を守る国民会議」の発起人となっています。「日本を守る国民会議」は、現在の「日本会議」の前身組織の一つです。

宮澤が「平和・人権・民主主義」という、今では一般に想像する憲法学を唱えていたのに対して、大石先生は国家本位の憲法学を説いていたので、「保守反動の大石」などと言われました。

宮澤俊義とその学説について、大石先生は『日本憲法史と日本国憲法』（嵯峨野書院、一九八四年）の中で、かなり厳しく批判しています。

佐々木惣一先生が内大臣府で行っていた憲法調査を、宮澤が違憲とした時のことですが、大石先生は「当時東京大学教授の宮沢俊義氏のごときは、内大臣府側の憲法調査を違憲呼ばわりして非難をしたが、それは、当時の内大臣府の存在を全然無視した暴論であった」と述べています（大石義雄『日本憲法史と日本国憲法』八四頁）。

大石先生は、この時点では帝国憲法が生きていたのだから、内大臣府を含む政府と宮廷の機関も生きているという見解です。帝国憲法の改正が必要となるなら、発議権は天皇大権に属することで、昭和天皇が準備と研究を目的に命じた調査なのであって、それを違憲とは何事か、ということです。宮澤は内閣で憲法調査をしていたので対抗上の言論なのでしょうが、だからと言って違憲呼ばわりは法を曲げていないかとの批判なのです。

さらに、宮澤の八月革命説に対しては「憲法学者の中には、ポツダム宣言を受諾したとき日本に革命が起ったなどという者も出ているが、それは途方もない議論であって、法理としてはもちろん、歴史的事実に反していることは、明らかである」と糾弾します（前掲書、八六頁）。

帝国憲法がその時点で生きていたとする大石先生は、ポツダム宣言受諾を天皇の外交大権の行使とします。しかも、新憲法は天皇が改正を発議し、帝国議会が議決し、天皇が裁可しているのだから、占領軍による大権制約は、日本が同意したことによる統治権の自己制限を根拠としているという考え方です。

ポツダム宣言の受諾を決めた時の鈴木貫太郎内閣は、瞬間的に大政奉還をしています。本来は内閣の輔弼《ほひつ》によって、その決定に対して天皇が拒否権を行使しないというのは、帝国憲法下での立憲君主のあり方として確立した運用でした。ただし、帝国憲法では内閣が何らかの理由で当事者能力を失った際の危機対応として、天皇自身が物事を決めることを担保しています。二・二六事件のように首都と行政機能が武装勢力に占拠され、行政を担う閣僚が殺されたり安否不明となったりした時に、事件を起こした青年将校らの上官にあたる陸軍上層部が右往左往する中で昭和天皇御自らが鎮圧を命じたのと同様です。

こうした憲法の運用理論は、戦前の憲法学者には当然の事柄だったので、宮澤が八月革命説を唱え始めたことに対して、大石先生は「ポツダム宣言の受諾は日本に革命が起こったということだというのは、法理論的にはもちろん政治の実際から言っても、途方もないつくりごとであることは疑問の余地がないのである」とバッサリ斬って捨てています（前掲書、八七頁）。

また、『日本憲法史と日本国憲法』の第一編第三章、日本国憲法の基本原則の中で、さらに「日本国憲法と八月革命説」という項を設け、「人によっては、日本がポツダム宣言を受諾したとき革命が起ったのであって、現行日本国憲法は、この革命の所産であり、旧憲法すなわち大日本帝国憲法は、昭和二十年八月十五日ポツダム宣言の受諾と同時にその効力を失い、姿を消したと言ったような説き方をする論者もある。八月革命説といわれるものがそれである。しかし、それは全然法理を無視したつくりごとであり、歴史的事実にも反している」と繰り返します（前掲書、九二頁）。よほど腹に据えかねていたのでしょう。

新憲法で「国民統合の象徴」とされた天皇は、「二千六百四十有余年に亘って、天皇を国民団結の精神的中心権威」としてきたのが日本の歴史だというのが大石説の根幹だからです。日本国憲法の三大原則といわれる「人権尊重」「国民主権」「平和主義」を挙げて、この説明では、日本国憲法第一条の天皇の御存在は無視されたことになると論じているのです。宮澤を「変節漢」、つまり「裏切り者」と言っているわけです。そもそも宮澤は、戦前は天皇を中心とする憲法学を唱えていたはずであって、敗戦で世の中が変わったからと何を逆のことを言っているのだということです。

正論なのですが、残念ながら衆寡敵せず。宮澤は別に議論で勝った訳ではないのですが、多数派を形成したということで学界の通説の地位を確立します。

そして、京大学派も大石先生の影響力が小さくなるにつれ、日本国憲法の三大原則に従った憲法学へと変質していきます。

誰のセイかは言いませんが、ここで戦後の憲法学の系譜を載せておきます。

東大：美濃部達吉―宮澤俊義―芦部信喜
京大：佐々木惣一―大石義雄―佐藤幸治

本書で初出の佐藤幸治京都大学名誉教授の経歴を述べておくと、京大教授で憲法学担当です。京大教授にしては珍しく、何度も政府の審議会委員を務めました。代表的な例で言えば、二十一世紀初頭の司法制度改革を推進しました。司法制度改革の主眼は、裁判員制度の導入とロースクールです。

裁判員制度とは、重犯罪に対する裁判に職業裁判官以外の民間人を参加させるという制度です。くじで選んだ民間人を裁判に混ぜれば、何か良くなるだろうとの目論みで始めました。一審だけが裁判員制度で、そこでどんな判決が下ろうが、二審で従来通りの判決が下るので、何の意味もないと評判の制度です。

ロースクールとは、従来の司法試験の制度では実務家が育たないので、大学院で実務教育を受けさせてから法曹家に育てようとの制度でした。これは、司法試験の試験内容をまったく変えなかったので、何の為に導入されたか誰にもわかっていません。ロースクールに通いながら司法試験予備校に通う学生が続出しました。何のためのロースクールか。

以上、法曹界でも大変評判が悪い制度なのですが、佐藤氏は一般にも害悪を垂れ流しています。平成八（一九九六）年、佐藤は中央銀行研究会の委員を務めています。この研究会は「日銀の政府からの独立」を提言し、時の橋本龍太郎内閣は日銀法改悪により実現させました。結果、日銀は地獄のようなデフレターゲット政策で日本経済を破壊し、日銀法改悪により政府の統制を離れたので歴代内閣は手の打ちようがなく、日本人は大不況に苦しむ羽目に陥りました。大罪です。

それはアシベに比べれば「佐藤の憲法」は遥かにマトモなのですが、大石先生までの憲法学と比べると著しく変容しました。京大学派の話は別の話なので、これくらいにしましょう。

大石先生までは宮澤&芦部を徹底批判していたのですが、その後は東大学派に近い人が多くなりました。佐藤氏は象徴的な人物なので取り上げましたが。

基本的に、学界の多数派は宮澤俊義を真人間どころか、神の如く扱っています。

宮澤研究の第一人者は、北海道大学法学部の高見勝利名誉教授です。「四人組」の一人です。

高見は『宮沢俊義の憲法学史的研究』（有斐閣、二〇〇〇年）という、宮澤憲法学の全体を考察した大著を記しています。芦部信喜の勧めにより論文集としてまとめられたそうです。「宮澤俊義生誕100年」との帯で発刊されています。

件《くだん》の八月革命説も、当然の如く弁護します。曰く、この八月革命説は、①憲法改正には一定の限界があるとする憲法改正限界論を前提に、②法的断絶ないし主権主体の変更という事態を「法的意味における革命」として捉え、更に、③いわゆる国際法優位説を基礎に、④ポ宣言受諾が国体の変革をもたらしたとする考え方を採ることにより、日本国憲法の生誕にまつわる法理上の難問に対して、一つの明快な解答を与えたものである（高見勝利『宮沢俊義の憲法学史的研究』三二五〜三二六頁）とのことです。

「ポ宣言」は、ポツダム宣言のことです。日本国憲法の成立は、法理上無理があったといいつつ、宮澤憲法学はその整合を取ったのだという立場です。

ちなみに高見教授殿は、同書で八月革命説への批判者として評論家の江藤淳氏のみをあげています。生前の江藤と言えば、保守論壇のドンでした。慶應義塾大学の英文科を出て、文学評論や、夏目漱石の評伝を発表しています。文学者ではあっても憲法学者ではないのですが、昭和五十七（一九八二）年に雑誌『諸君！』に「〝八・一五革命説〟成立の事情―宮沢俊義教授の転向」という一文を寄せました。高見教授は江藤の描いた「転向者」という宮澤像に「漠たる異和感」を持ったといいます。

ところが、高見は大石義雄先生のような学界の少数有力説は取り上げていません。京都学派と正面から議論をすることを避けているのです。

要するに、「我らが宮澤先生に異を唱えるのは、江藤のような素人の妄説にすぎない」と言いたいのでしょう。素人を取り上げて、あとは枝葉の議論に終始することで重要な事柄を隠す、詐術です。

ただ、その高見教授でさえ、宮澤の戦中の言説が時流迎合なのは庇いきれません。というか、戦時中の宮澤の言論は誰も弁護しようがありません。

戦前と戦後の宮澤の一貫性に触れているのが、家永三郎です。宮澤の『憲法の原理』に対する書評で、宮澤の考えに対しても「『憲法Ⅱ』に特に『抵抗権』について一節を設け、四一頁にもわたって詳論するという、この世代のアカデミシャンとしてはあまり例のない問題意識も、（中略）それが著者の学問生活の出発期以来の一貫した課題であって、決して戦後の流行などの産物でないことが理解される」という評価をしています（家永三郎「宮沢憲法学の集大成―宮沢俊義『憲法の原理』ほか―」、『思想』527号、一九六八年）。

宮澤を「変節漢」と認めたうえで擁護しているのは、小林直樹東大名誉教授です。

宮澤俊義が亡くなった後、法律雑誌『ジュリスト』が宮澤憲法学の大特集を掲載していて、小林教授は宮澤についてかなり体系的にまとめた記事を執筆しています。まず、天皇機関説事件の時の宮澤の態度については、全肯定しています。「安穏な時代から振りかえって〝怯懦〟呼ばわりすることは許されない。（中略）効果の見込みの全くない自爆は、理性的決断とはいえないからである」（小林直樹「宮沢憲法学の軌跡」『ジュリスト』臨時増刊一九七七年三月二十六日号）。さらに、その時に玉砕せず、宮澤先生に教育と研究を進めて頂いたので、民主日本はその利益を享受していると言いきります。

さらに、戦中に宮澤が大政翼賛会を正当化し、大東亜戦争を肯定しているところは「先生本来の鋭い批判精神」や「自由をあれほど愛した考え方」とも結びつきそうもないとしながら、「あの戦争の異常な事態の中で、その本質を見抜いて反戦もしくはラディカルな非協力を貫くのには、認識や行動の上での別なトレーニングが必要だったのかも知れないが」などと、庇います。

同じセリフ、「美濃部達吉先生や河合栄治郎先生の墓前で言ってみろ」と言いたいですが。

とは言うものの、小林はアシベに輪をかけたアホでした。この人物、改憲反対と非武装非暴力抵抗の平和主義でよく知られています。戦後、侵略軍が来たらまったくの無抵抗で降伏しよう、という「白旗論」がありましたが、それはそれで侵略軍に服従することになり、自由と民主主義が損なわれるとして反対します。そこで、ソ連と平和的に話し合い、アメリカとの安保条約も平和的に解消し、それを通じて米ソ冷戦の軍拡競争を停止させせよう、と唱えた人です（小林直樹『憲法第九条』岩波新書、一九八二年）。要するに、侵略者が来たら白旗をあげ、ソ連軍が来たら赤旗をあげ、アメリカが怒ったらまた白旗をあげる。赤旗と白旗を交互にあげる、非暴力平和主義者として知られた人です。それで日本が防衛できると本気で信じていたので、救いようがないですが。

憲法学者としての評価

憲法学者としての宮澤の評価は、現在どのようになっているかというと、実は「過去の人」というのが近いのかもしれません。

芦部信喜は、特に、宮澤が助手時代に硬性憲法の変遷を論文に取り上げて以降、戦後まで言及していることを取り上げています。「憲法の変遷」というのは、条文が変わらなくても、内容が変わることをいいます。法理論の一つで、たとえば現在の憲法九条が国際的な環境の変化によって、九条そのものの意味が変わるというような考え方です。単なる条文の解釈とも違う考え方で、宮澤の定義では「原状回復の社会的不能」を憲法変遷の成就としています。

また、昭和十三（一九三八）年頃から、議会制の分析がなくなったことを指摘しつつ、それ以後の「時流迎合的」とされる宮澤の論稿には、直接的な評価は避けています。変節漢ではないということを強調すればするほど、変節漢にしか思えなくなるような話ですが、憲法学者としての宮澤に対して、芦部の評価は次の一文を読み解くとわかります。

「公共の福祉」という画期的な発想を示しながら、その具体的な内容を判例の積み重ねに大きく委ね、(中略) その他社会権の性格、とくにプログラム性と自由権的性格との区別や「制度的保障」の概念が不明確である (後略)。

(芦部信喜「宮沢憲法学の特質」『ジュリスト』臨時増刊一九七七年三月二十六日号)

ここは暗号です。結論から言えば、「自分は宮澤より偉い」です。

宮澤はそれまでの統治主体の世界標準の憲法学を、人権主体の憲法学に変えた人です。建前としての人権尊重を高らかに掲げました。

しかし、完全な自由は最も不完全な自由です。なぜならば、他人の自由を侵害する自由まであるからです。だから、どこかで誰かが制約しなければならない。これは宮澤が深く研究したジャン・ジャック・ルソーが珍しくマトモなことを言ったので、現代にまで伝わっています。

では、日本国憲法の場合、誰がどうやって人権を制約するのか？

誰が、は最高裁です。どうやって、は憲法に書いてある「公共の福祉」に求めました。「公共の福祉」とは「みんなのため」という意味です。昭和三十年代、「これは人権侵害だ！」と訴えられるたびに最高裁は「公共の福祉だ、我慢しろ」と門前払い判決を多発させていました。宮澤も、「最高裁が人権の砦だ」くらいのことしか言っておらず丸投げなので、現実の最高裁は何でもかんでも「公共の福祉」を振り回しました。

これでは全然、人権侵害から救済されないではないか、という声が出ます。そこで最高裁がどのような判決を下せばよいかの理論を構築したのが芦部です。芦部が宮澤の追悼論集で「俺の方が偉い」と言っているのは、「宮澤がぶん投げた所を拾って整理したのは自分だ」との自信が根拠なのです。

ちなみに、どう理論を整理したかというと、最高裁がそもそも憲法判断なんかしなくていいようにしました。

芦部からすると、「宮澤はもう古い」なのです。

これは小林直樹も同じです。宮澤の憲法学者としての位置付けは、戦前から諸外国の憲法や、外国の憲法をふまえたうえでの憲法学の権威であり、戦後は日本国憲法を事実上創設したとしていますが、この点では、誰もがおおまかに同じ評価をしています。ただ、その方法論に関しては不備だったというのが現在の位置付けです。かなり戦前的な発想を引きずっているという評価なのです。

最近の護憲派は、「宮澤先生は右翼だ!」と言い出しかねません。理由は、「外国人参政権を認めなかった」からだそうで。

恐ろしい話です。

第三章　宮澤憲法学を理解する五つの論点

宮澤は憲法をどうとらえているか

宮澤憲法学は、現在の戦後憲法学の祖ではあるのですが、次代の芦部信喜以降の憲法学とは大きく異なります。芦部以降の東大憲法学では今や「宮澤先生の頭の中は、しょせん明治憲法だ」という評価が大勢なのです。もちろん、「明治憲法」というのは、過去の遺物という意味です。

確かに、宮澤は帝国憲法の時代に育ち、教育を受け、成長しています。間違いなく帝国憲法の影響が残っています。帝国憲法を葬った宮澤と帝国憲法を知らない芦部以降の違いを理解するために、五つの論点を検証したいと思います。

憲法観、フランス憲法の影響、ナチス・ドイツへの観察、戦時中の言論、戦後の美化の仕方、の五つを追います。

根本的に異なるのは、宮澤の「憲法とは何か？」のとらえ方です。

宮澤の戦前からの憲法学者らしいところは、条文だけを憲法だと思っていないことです。

戦前、宮澤が書いた憲法学の教科書は三冊あります。出版年順に挙げると、『憲法大意』（義済会、一九二八年）、『憲法講義案』（一九三四～四一年）、『憲法略説』（岩波書店、一九四二年）です。このうち、『憲法大意』は助教授時代の講義ノートをまとめたものです。全部で七六頁とコンパクトで、かなり読みやすくまとめられています。『憲法講義案』は、宮澤の講義ノートから作成された講義案で、私家版として印刷されたものです。宮澤は、翌年度の講義案を毎年改訂していました。宮澤が時期によって講義の構成をどのように考えていたのかが窺える資料です。『憲法略説』は、前の二冊とは異なり、ページ数も多い本格的な教科書です。

昭和三（一九二八）年に書かれた『憲法大意』から読み取れる宮澤像は、当時の通説に則ったオールドリベラリストです。オールドリベラリストというのは、戦前のリベラリストのことで、吉野作造や美濃部達吉、河合栄治郎もそう呼ばれます。河合栄治郎などは、左翼共産主義者との闘争から「リベラリスト・ミリタント」（戦闘的自由主義）と表現されてもいます（湯浅博『全体主義と闘った男　河合栄治郎』産経新聞出版、二〇一七年）。

助教授時代の宮澤は『憲法大意』の中で、憲法について「広義の憲法」と「狭義の憲法」という言い方をしています。国家の根本法そのものが広義の憲法であり、条文に書かれているものは狭義の憲法であるという説明です。

「憲法とは」を説明する時の構成は、現在の憲法学とも根本的な違いはありません。普通に「憲法」と言った時には狭義の憲法のことで、「立憲主義を基礎とする憲法を指す」（一

宮澤俊義の東大憲法学

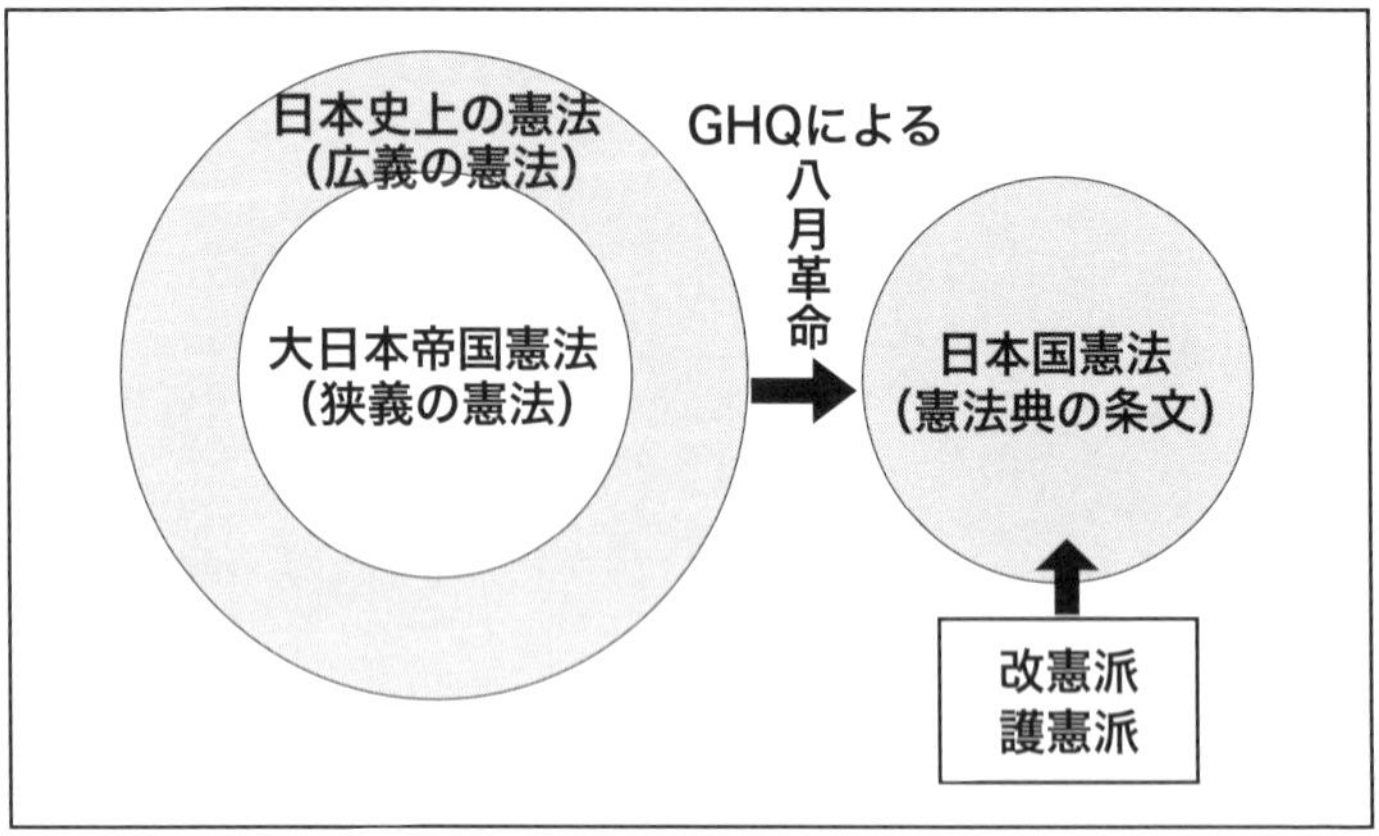

五頁）という説明から入り、立憲主義を「国家組織に関する一定の原理」（一六頁）として、権力分立や三権分立の概要が述べられます。これが法治主義によって守られ、そして民主主義になり、民主主義は代議制度となり、議院主義となるのだという順番です。

さらに、憲法が国家の根本法とするなら、国家とは何かと続きます。領土があり、戦前なので内地と植民地、租借地、海外委任領に言及し、土地の上に人がいて、国民と臣民の語を区別したうえで、「国家は領土を基礎とし地盤とする目的社会」（三二頁）で、「その所属員を国民と言う」と定義します。ちなみに、国民は君主を含み、臣民は天皇や皇族を含まない語です。その国民から成る日本国家が「いかなる組織を有ち、いかにしてその任務を遂行するか」（三三頁）ということで、憲法が大事なのだと説明します。オーソドックスな解説です。

また、選挙の項では、当時政治学で話題となっていた比例代表にも触れています。昭和三（一九二八）年の第十六回衆議院議員総選挙は、選挙権から納税要件を撤廃した普通選挙法が施行されて最初の選挙です。政友会と民政党の二大政党が争い、総得票数では民政党の方が多かったのですが、議席数は政友会の方が多いという現象が起こりました。宮澤は、その是非は論じないとして、比例代表は得票数に応じた議席配分の考え方であること、ドイツやベルギー、イギリスの自治領で行われていることを解説し、「将来に於ける宿題」（五一頁）と締めくくっています。

元大学教員の視点からすると、かなり親切な教科書です。不勉強な大学教員は何十年も前の講義ノートをそのまま読み上げたりするのに対し、熱心な教員は最新の情報を常に取り入れようとします。これは分野を問わず、たとえば古代ギリシャ哲学の専門家でも、ソクラテスやプラトンの言ったことが自分たちの生きている時代にどういう意味を持つのかを問いかける授業をします。宮澤は時事問題を取り扱いながら、憲法学が現実にどのような意味を持つのかを問いかけていたということです。周囲からは、好感を持たれたことでしょう。

宮澤は占領軍が来てしばらくしてから正体を「カミングアウト」する訳ですが、それまで師匠の美濃部や論敵の佐々木も、まさか宮澤がそこまでの極悪人とは思っていなかった訳です。当たり前の話ですが、極悪人こそ本性を隠すものです。

さて、昭和九（一九三四）年以降の天皇機関説事件で風あたりが強くなります。しかし、宮澤は保身の達人です。『憲法講義案』の昭和十二（一九三七）年四月版では、講義の構成で天皇にあたるところは、皇位継承、元号、身位、御料については入れていますが、統治権の話は後回しです。統治権は天皇の大権事項ではなく、実質的に大権を行使する機関の事項として扱います。

後に宮澤が「皇室法」（『新法学全集　第二巻』日本評論社、一九四〇年）で述べているとおり、戦前の成文法は、皇室典範に属する系統と帝国憲法に属する系統の二体系から成るという特色があります。宮澤は前者を「宮務法」、後者を「国務法」として、両方とも不文法を含めた国法の「部分」だと説明しています。

右の講義案では、天皇について宮中事務である宮務法に触れるに留まり、国法としての天皇という部分を飛ばして、天皇機関説を避けているのです。宮澤が実際の講義で何を話したかは、後に教え子らが「必要に応じて天皇についても話していた」と証言していますが、帝国憲法第一条から第四条までは、講義案から削られていることは確かです。

戦時中の昭和十七（一九四二）年三月、岩波書店から『憲法略説』が出版されます。すると、『憲法講義案』で削られた天皇の統治権は、次のような記述で復活します。

わが憲法の歴史は、いふまでもなく、わが国家の肇造《ちょうぞう》と共にはじまる。爾来三千年、その間統治体制の派生的部分については種種の変遷が見られるが、万世一系の天皇永遠に統治し給ふの根本義に至つては寸毫《すんごう》も動くところがない。

（『憲法略説』八頁）

大日本帝国は万世一系の天皇永遠にこれを統治し給ふ。これわが肇国以来の統治体制の根本原理であり、これをわが国家における固有且つ不変な統治体制原理とする。（中略）わが国家におけるこの固有にして不変な統治体制原理を国体といふ。

（同七三頁）

今の視点からは、「どこまで時流に媚びる気か!?」と怒る人もいるかもしれません。護憲派の皆さんも「理解しがたい」と逃げるしかない記述です。左から見れば、「どこの右翼の先生ですか?」という感じでしょう。とはいうものの、当時としては、それほど違和感のない言い方です。多少言い方が客観性を踏み外しているかな、という程度なのです。

国体については、治安維持法違反事件に関連して大審院が出した有名な判決があり、宮澤の記述はこれに沿ったものです。

我帝国ハ万世一系ノ天皇君臨シ統治権ヲ総攬《そうらん》シ給フコトヲ以テ其《そ》ノ国体ト為シ治安維持法ニ所謂《いわゆる》国体ノ意義亦此《またこ》ノ如《ごと》ク解スヘキモノトス

（大審院第四刑事部判決一九二九・五・三一刑集八・三一七）

この判決は、後に八月革命論争で重要な鍵となった問題判決です。

「我帝国は万世一系の天皇君臨し」までであれば、戦後も国体は変わっていないのです。それが「統治権を総攬し給ふこと」まで判決に入っています。占領軍により帝国憲法は全面改正され、統治権の言葉そのものが消えていますから、文字通り読めば日本の国体は変革されています。

宮澤の書いたものだけをつなげると、戦後に「国体は変更された」と強調したのは、戦前戦中から一貫した議論なのです。少なくとも宮澤の中では。

以上の教科書三冊を並べて時系列順に見ると、宮澤は「客観的なオールドリベラリスト→本音はともかく態度が日和った変節漢→時流便乗の迎合者」と読み取れます。

そんな宮澤の憲法観は、戦後になっても大して変わりません。帝国議会で日本国憲法を審議していた頃の出版で、宮澤の講義をまとめた『憲法改正と民主政治』（帝国大学新聞社、一九四六年）を見ても、はっきり言いきっています。

法律家のいわゆる憲法とは文章に書かれた憲法だけを言うのではないのでありまして、国家の根本の法を広く憲法というのであります。

（『憲法改正と民主政治』帝国大学新聞社、一九四六年）

この時の講義は、日本の憲法がこの先どうなるのかを東大法学部教授が語るので、教室は超満員だったといいます。

宮澤は、そこでデモクラシーの話をします。プラトン、アリストテレスの時代から、悪い意味で使われてきたけれども、近代になって「多数の支配」という意味になったと説明しました。日本でのデモクラシー思想の起点を幕末に置き、聖徳太子の十七条憲法や、もっとさかのぼった高天原《たかまのはら》のような神話の時代の話は近代のデモクラシーの意味ではないと語ります。筋の通った説明です。

占領軍は日本に民主化を求めてきましたが、ポツダム宣言の表現は「民主的傾向の復活強化」です。宮澤は日本の憲政史の中でデモクラシーを位置づけ、決して外来の思想ではないと強調しているのです。

なお、昭和天皇は昭和二十一（一九四六）年元旦の詔書（俗に「人間宣言」として伝わりますが、そんなことは一言も言っていない）で、「五箇条の御誓文の精神に立ち返ろう」と呼びかけています。昭和天皇は、デモクラシーは押し付けられたものだとされないように腐心されていました。宮澤のデモクラシーの位置づけは、昭和天皇と平仄《ひょうそく》を合わせているとも言えます。

宮澤は、教科書で憲法史を重視しています。五箇条の御誓文から始まり、明治の民選議院論や憲法制定、政党内閣から大正時代の主権論という流れでデモクラシーを説明する手法です。

宮澤は、そこで帝国憲法はデモクラシーを実現するものだと述べました。帝国憲法をつくった伊藤博文・井上毅《いのうえこわし》・伊東巳代治《いとうみよじ》・金子堅太郎も、それをわかっていたと力説します。ただ、デモクラチック（民主的）な部分と、非デモクラチック（非民主的）な部分があったとします。帝国議会や天皇を大臣が輔弼《ほひつ》する制度、自由の保障制度がデモクラチックな部分です。逆に、貴族院、元老や重臣、内大臣による枢密院、統帥権の独立を非デモクラチックな部分という説明で、これは現在も東大憲法学の通説です。

宮澤はこの時、統帥権の独立がデモクラシーを破壊したのだと語ります。これを廃止すれば、デモクラチックになるというのです。民主政治の確立には「憲法的改革」が大事だと述べますが、条文を変えろとは一言も言っていません。

たとえば、推定無罪の原則があり、帝国憲法も被疑者の保護規定はたくさんあります。当時の法律でも拷問などしてはならないのだけれども、実際の運用はそうではなかったのです。任意で同行したら、定められた期限を無視して拘束していいというような運用です。憲法や法律を変えるよりも、それを運用する人の精神の確立が重要で、むしろ条文など変えなくていいと言い切っています。まず人の精神、それから憲法附属法、そして憲法の条文は二の次、三の次だと訴えます。

今の東大憲法学では、「宮澤先生はポツダム宣言の時点で明治憲法の部分的な改正は考えていたはずだ」と考えられていますが、宮澤にとって憲法改正とは帝国憲法の改正とは限らないのです。そもそも、「憲法」の概念が違うのです。

たとえば、男女平等です。特に女性参政権が実現しなかったのは、戦前から政治課題でした。

ちなみに、戦前日本人が極端な女性差別をしていたから女性に参政権がなかったのではありません。女性参政権を通せば、最初の選挙でその政党、その政治家に人気が集まるに決まっています。だから反対派は「会期が短く審議する時間がない」などの理屈をつけて、法案を通させなかったのです。

それはさておき、女性参政権の実現に帝国憲法の改正はいりません。公職選挙法の改正だけで十分です。宮澤の言い方からすれば、これも憲法改正なのです。そしてこうした考えは、外国（特に英米法の国）では、自然なのです。

宮澤はさらにポツダム宣言に触れ、民主化は国際法的義務だけれども、その一方で、デモクラシーを求めてきた明治以来の諸先輩に対する義務だと語ります。不十分でも先人が目指してきたもので、単に外国に媚びるだけのものではない、という趣旨です。

同時に、弱体性、不安定性、国権軽視、水準化、多数党の横暴、衆愚政治と、デモクラシーの弊害をも列挙しています。公平な態度です。

最後は、

日本が完全な主権を回復して独立国になる日の一日も速く来ることを切に祈りながら（中略）私の講義を終わります。

と、愛国者的な表現で講義を締めくくりました。オールドリベラリストらしい話です。

また、宮澤は帝国憲法の簡文憲法としての特色を「弾力性があった」と表現しています。簡文憲法とは、条文に余計なことを書かず憲法典は簡潔にし、運用や法律など下位法に任せる憲法のことです。

日本国憲法が施行された昭和二十二（一九四七）年五月、日本国憲法第八十一条にある裁判所の法令審査権について、帝国憲法では重要視されていなかった理由を簡文憲法だったからと言います。

実をいうと、明治憲法の下では、この問題はそれほど──実際的見地から見て──重要な問題ではなかった。明治憲法の規定は、人の知るように、きわめて簡潔で、したがって弾力性もあり、幅もひろかったので、法律が憲法に違反するかどうかが、重大な問題となる機会は、比較的に、少なかったといえる。そこでは、立法権が憲法によって、こまかくしばられて動きがとれないようなことがなかったので、裁判所に法律審査権があるかないかは、どちらかというと、──たとえば、日本国憲法の下でとくらべて──重大性がやや少なかったともいえる。

（「裁判所の法令審査権」『法律タイムズ』一巻四号、一九四七年／『平和と人権──憲法二十年　中──』所収、東京大学出版会、一九六九年）

現代では、この法令審査権、用語としては「違憲立法審査権」を調べると、「帝国憲法当時に認められていなかったので、暴走して戦争した」というような説明がされます。全然違います。

宮澤によれば、裁判所がすべての法令に対して形式的審査権を持ち、法律と命令のうち、命令には実質的審査権を持つという解釈に争いはなかったといいます。

> 学界では、明治憲法の解釈上、裁判所は法律の実質的審査権を有するという学説が有力であった。少なくとも、明治から大正へかけては、それが通説だったといってよかろう。（中略）この解釈に反対し、明治憲法の解釈としては、裁判所は法律の実質的審査権を有するものでないという見解が、美濃部博士によって主張された。それが判例によって承認された。
>
> （同、傍点は原文ママ）

この経緯をふまえて、大審院は法律と命令双方について審査権を持たないと解釈していたものが、美濃部博士の見解により、昭和に入ってからは命令に対して実質的審査権を行うようになった、と解説しています。法律に関しては、帝国憲法の弾力性により違憲審査の要請は低く、具体的な命令に対しては行政裁判所が審査権を持つ、ということです。

ちなみに、法令や条約が憲法違反かどうかは枢密院が審査していました。もちろん、法律の場合は衆議院と貴族院の両方で審査します。それらの原案は、内閣の法制局が審査しています。裁判所が、それらの機関全部が認めたものを否定する権限はないはずだ、というのが前提だったのです。

フランス憲法の専門家

宮澤俊義は助手時代からフランス憲法を研究していた専門家です。大正十二（一九二四）年に『法学協会雑誌』に発表された処女作、「仏国憲政に於る大統領の地位」に始まり、戦中に至るまで、フランス憲法に関する論文を数多く発表しています。

「仏国憲政に於る大統領の地位」の本論では、なぜ宮澤がフランス憲法に惹きつけられたのかを述べています。

フランスの憲法の由来は憲法至乃憲法史を学ぶ者にとり誠に興味多き題目の一である。

（中略）僅々百年の間に多数の憲法—その或ものは全く互に正反対の原則に立つ—を持つたフランスは我々の為に貴重な実験を試みてくれたものと云へる。特に大革命以後百年の憲法史は中世的アンシャン、レジムより近代的立憲制度に至る世界文明推移の歴史である。近世立憲政就中フランス憲法を論ずるに当つては其歴史的背景を知る事が絶対的に必要だ。

（宮澤俊義「仏国憲政に於る大統領の地位」『法学協会雑誌』四十二巻二号・三号、一九二四年二月〜三月）

ここで述べられている通り、宮澤のフランス憲法の知識は、その後の研究を経て広範にわたるものとなりました。歴史をふまえた研究を行っているので、細部にも目配りされています。

宮澤が欧州留学に出る昭和五（一九三〇）年には、「フランス公法学における諸傾向」（『公法の原理』有斐閣、一九六七年）という論文で、フランス公法の歴史をすべて整理するという、骨の折れる仕事もやってのけています。

宮澤が取り上げているのは、モンテスキューやルソーといった思想家に始まり、ミラボーやシェイエス、トクヴィル、コンスタン、シャトーブリアンといった政治家、革命指導者ら三十人です。

シャトーブリアンは日本であまり取り上げられない人ですが、フランス革命の当事者です。元はブルターニュの貴族で、革命前は陸軍少尉でした。反革命軍に加わり、その後イギリスに亡命しますが、フランスの王政復古で政界に復帰したという経歴を持ちます。「保守派」を意味するコンサバティブの用語は、シャトーブリアンが編集に携わった政治雑誌「le Conservateur（保守主義者）」（一八一八～二〇年）の名前から一般化したと言われています。

フランス革命期は、王政復古と交互に国体・政体が変化した時期ですが、宮澤はナポレオン王政下で憲政主義を主張し追放されたコンスタンを特筆します。また、一貫して反革命派だったシャトーブリアンについては、フランスでイギリス式の議院内閣制を説いた公法学者として、コンスタンに次ぐ存在として位置づけています。

宮澤はフランス憲法だけではなく、先行研究を整理して、隣接学問を含めた理解を持っているのです。

戦後に書かれた「フランスにおける憲法学と政治学」（『立教法学』八号、一九六六年）では、プラトンの時代から国家や政治に関する研究は学問の中心だったと述べ、コーロッパでは政治学や憲法学は、その中に混在していたものだったと分析しています。戦前の日本や十九世紀以降のアメリカは、大学に政治学があったけれども、ヨーロッパでそういった学問ができるのは第二次世界大戦後だという指摘です。事実その通りです。宮澤は憲法・政治・経済を総合的に分析する教養を持っていたということです。

宮澤の助手時代から、五年にわたって翻訳していたモンテスキューの『法の精神』に対しても、事実に基づいて冷静に評価しています。

現在、教科書で「三権分立」を習う時に、その考え方を体系化した人として必ず出てくるモンテスキューですが、「三権分立」は当時のイギリスの政治状況を見て勘違いをした成果です。モンテスキューが見ていたのは、イギリスのジョージ三世の治世です。ジョージ三世は、絶対君主制への回帰を夢想し、立憲君主制など守る気がまったくなかった君主です。

ジョージ三世は、内閣のすることに容喙《ようかい》し、政治介入を繰り返したのですが、モンテスキューの目には「司法権は裁判所、行政権は国王、立法権は議会が持っている、三権分立だ！」というふうに見えました。ですが、イギリス人の評価は、ジョージ三世の治世は史上最悪です。日本で言えば、菅直人が国王をやっていたようなものですから。アメリカ大陸の植民地を失ったのも、ジョージ三世在位中の失政です。皮肉にも、モンテスキューの唱えた三権分立を大真面目にやっている世界で唯一の国が、そのアメリカ合衆国です。

宮澤は、イギリスを語るのに立憲君主制の要素を抜きにするモンテスキューの欠陥を理解しているのです。

ちなみに、日本の戦後の教科書は、ホッブズ、ロック、モンテスキューを取り上げます。イギリス人からすると、「なぜホッブズとロック？」です。政治学者のホッブズはもちろん、ロックなど、イギリス憲法に無関係の人です。

イギリスは「日本国憲法」や「アメリカ合衆国憲法」のような、統一された憲法典がありません。立憲的であるかどうかを参照する権威的書物が憲法の一部となっています。一覧にすると次の通りです。

・ウォルター・バジョット『イギリス憲政論』（１８６７年）
・ウィリアム・ブラックストン『イギリス法釈義』（１７６５〜69年）
・ヘンリー・デ・ブラクトン『De Legibus et Consuetudinibus Angliae』（『イングランドの法と慣習法について』）（１２５０年）
・サー・エドワード・コーク『イギリス法提要』全4巻（１６２８〜44年）
・アルバート・ベン・ダイシー『憲法序説』（１８８５年）
・アースキン・メイ『A Treatise upon the Law, Privileges, Proceedings and Usage of

Parliament』（1844年）

・マシュー・ヘイル『The History and Analysis of the Common Law of England』（1713年）

（幡新大実『イギリス憲法Ⅰ　憲政』東信堂、二〇一三年、八五頁）

前近代からの古典に、バジョットとダイシーが二大教科書。そしてアースキン・メイは今も更新されている議会先例集です。

日本の社会科教科書が、いかに偏っているか。

世界中の国は、イギリスに倣ってウエストミンスターモデルと呼ばれる仕組みを採用しています。衆議院の多数派が内閣を組織する、権力融合の考え方です。日本の社会科教科書が権力分立だけ教えて権力融合を教えないのもまた、偏っていますが。

本家のイギリスも最近は変わってきていますが、行政権と一致した衆議院・司法権と一致した貴族院の二つを国会といい、ここに国王を含めて三権で成り立っているものが「議会」なのです。

宮澤が偉いのは、モンテスキューを翻訳しつつ、イギリスの歴史もふまえているので「モンテスキューがイギリスに自分の理想を投影した」とわかっていることです。

彼は、英国の憲法組織を以て自由を実現するに最も良き政体であると為し、これを賞美し、これを礼讃する。それは真理の追究をのみ事とする科学者の態度ではなくて、正義の秤《はかり》を以て事物の価値を判断せんとする評価者の態度である。（中略）何れにせよ、当時の在る英国憲法の叙述を以て、彼の英国憲法論の唯一の目的と見ることは正しくない。それはむしろ在る英国憲法の叙述であると同時に、又モンテスキューの在るべき憲法の叙述でもあるのだ。

（「大陸に於ける英国憲法研究の先駆」『国家学会雑誌』四十一巻六号～八号、一九二七年六月～八月）

フランス憲法を理解するのに、イギリス憲法と比較しながら相対化しているのです。外国を研究するとその国にだけのめりこんでしまい他が見えなくなる「地域研究病患者」が大学教授に大量発生していますが、宮澤は無縁です。

宮澤は、戦前・戦中の時局に対しても的確な分析を行っていて、こうした研究の手法と、専門分野以外の幅のある教養が分析の基礎となっているのです。

「天皇ロボット説」の原型

宮澤のフランス憲法の研究成果は、戦後の宮澤憲法学の基礎となっていることを窺えるものも多く見られます。

「仏国憲政に於る大統領の地位」には、イギリスの法学者ヘンリー・メインの「古《いにし》へのフランス王は統し而して治せり。立憲国王はチェル氏の言に従へば統すれども治せず。又アメリカ大統領は治すれども統せず。独りフランス大統領に至っては治せず又統せず」という一節が掲げられています。宮澤の問題意識は、「元首の存在意義」です。美濃部達吉の書籍のほか、原書十一冊を参考にして書かれています。

当時のフランス第三共和政憲法は、世襲君主に代えて大統領を置いていました。「統し而して治せり」のフランス王というのは、ルイ十四世時代の絶対王政のことです。これに対して、「治せず統せず」の第三共和政憲法下の大統領は、条文上では権限が広範なのですが、すべて大臣の副署を要するので立憲君主と同じです。そうした憲法の条文用の権限、歴史、実際の運用を検討した上で、君主が「世襲である為意外に多量の因襲的魅力を持つ」のに対し、そういうものがまったくない議院主義共和国の大統領は、「議院主義君主国の君主に先立つて其存在理由を疑はれ易い」と結論付けます。

宮澤がフランス大統領を研究した動機は、「君臨も統治もしないのに、なぜ大統領を置いているのか？」ということです。いかに権限があっても自分の意思では何もしてはならない存在です。もちろん当時の日本に適用できるはずがないので議院主義君主国とは事情が違うと断りを入れているのですが、傀儡《かいらい》（ロボット）であると看做しています。

第三共和政フランス大統領こそ、戦後の「天皇ロボット説」の原型です。

なお、第三共和政憲法は、いつでも王様が帰って来られるようにつくられていたので、大統領は憲法上、君主に擬された地位になっていました。それがほとんどの時期では何の影響力も持たないような運用になりました。例外は、第一次世界大戦で突如として政治力を発揮したレイモン・ポアンカレくらいです。

宮澤は、君主と大統領の政治上の地位について、大統領は「従来党人であり将来又党人となる政治家」なので、世襲君主よりも地位が低いことを指摘します。

当時の宮澤は、君主にしろ、大統領にしろ、「元首は政治的発言をするもの」という前提に立っています。イギリスのウォルター・バジョットを引いて、「まことに君主国に於て公平な君主の忠言がいかに有効なるかは英国に就て古くバジョットの指摘してゐる所である」と述べ、君主は政治的経験が乏しいので有用な忠言は望み薄だとしながらも、では党人たる大統領に公平な忠言を期待することも「頗《すこぶ》る疑問」だと述べます。この点でどちらにも優劣がないのであれば、君主には「世襲」という魅力があるので、日本やイギリスのような議院主義君主国は、フランスとは事情が違うと結論しています。

統治行為論・裁量行為論

おさらいです。

戦後の宮澤憲法学は人権尊重の憲法です。宮澤によれば、立法府や行政府によって人権が侵害されても、司法府が守ってくれるそうなので。最高裁が立法府の法律や行政府の法律が憲法に違反していないかを判断し（憲法判断）、もし違反していたなら判決により無効にすることがある（違憲判断）。決して泣き寝入りすることはない。というのが建前です。

ところが現実の最高裁は、昭和三十年代に「公共の福祉」を持ち出し、「みんなのためだから我慢しろ」と人権侵害を訴えられた裁判をことごとく門前払いにしました。

こうした状況を憂いたのが芦部信喜で、最高裁の判断する基準となる理論を考え出します。平たく言えば、門前払いするもっともらしい理屈を整理したのが芦部なのです。

私が大学の入門編の憲法で教えていた教科書から引っ張り出しても、統治行為論と裁量行為論の他にも、憲法判断回避の法理・司法消極主義・二重の基準（経済的自由権に関する合憲推定性原則）・事情判決があります。これ全部、最高裁が人権侵害を訴えた場合に門前払いする屁理屈です。他にも「当事者が死ぬのを待って、判決を出さずに裁判を終わらせる」などの技もあります。どこが人権尊重だ？　などと疑問を持ったら話が進まないので、次に行きます。

門前払いの二大基本技が「統治行為論」と「裁量行為論」です。統治行為論とは「そんな大きなことを持ち込まれても困る」で、「裁量行為論」とは「そんな小さなことを持ち込まれても困る」です。その二つの間の極小の世界に憲法判断をする余地があるのですが、その後もまだまだ難関があります。

それはさておき、その統治行為論はフランス憲法から宮澤が着想を得たとなっています。

確かに、宮澤はフランス憲法を通じて、早くから研究していました。

大正時代末から昭和初頭にかけて、宮澤は二本の論文を書いています。「仏国裁判所の法律審査権」（国家学会雑誌第三九巻二号、一九二五年二月）と、「仏国裁判所の法律審査権について」（国家学会雑誌第四〇巻七号、一九二六年七月）です。

これは、帝国憲法当時の日本は、フランスやドイツの司法制度を参考に、司法裁判所と行政裁判所を分けていたからです。

帝国憲法第六十一条

行政官庁ノ違法処分ニ由リ権利ヲ傷害セラレタリトスルノ訴訟ニシテ別ニ法律ヲ以テ定メタル行政裁判所ノ裁判ニ属スヘキモノハ司法裁判所ニ於テ受理スルノ限ニ在ラス

行政裁判は、すべての行政事件に対して適用されたわけではなく、取り扱う範囲を法律で定め、また損害賠償や補償については扱っていません（行政裁判法第十六条）。

宮澤はフランスの行政裁判所が成立した歴史を見ることで、仕組みを研究しています。目的は比較です。

ここからさらに各論で詳しく検討した成果が、昭和十三（一九三八）年の「フランスの判例法における統治行為」（『野村教授還暦祝賀公法政治論集』有斐閣）です。

何が統治行為や裁量行為にあたるのかという考え方自体を、フランスの行政判例から整理しようと試みたもので、検討範囲は政府と議院との関係や、立法権の行使、大統領の恩赦権、非常時の戒厳宣告や公安措置、外交と国際条約の執行、戦争と広範にわたります。

結論としては、フランスでは統治行為と裁量行為の区別は不明瞭であるが、実際の運用基準としては、行政裁判所の判例から一定の行為を列挙したものという定義は正当だろうとしています。

大事なことなので二回繰り返します。

統治行為と裁量行為の区別は不明瞭

なんじゃそりゃ？　ですが。

さらに、戦時中の昭和十七（一九四二）年、「フランス法における違法の抗弁」（『杉山教授還暦祝賀論文集』岩波書店）では、行政権と司法権の関係をフランスの歴史を追うことで、裁判所は行政の違法を審査し得るかを詳述しています。

宮澤は、本来は相互に権力関係が均衡であることを目的とした権力分立主義に対して、「行政権の利益における司法権の制約」という特色を持つフランスの理論は、独特なものだといいます。

宮澤は、フランスで行政に対する司法の干渉を排除する考え方が強いのは、フランス革命期の経緯によるものだと述べます。フランスの司法体系は国王裁判所として出発し、王政時代に各地の高等法院の地位が確立すると、今度は諸侯の利益代表として国王の政策に圧力をかけ、対立するようになります。大革命で国制を根こそぎ変えようとする際にも、旧制度の法院が強力な抵抗勢力となりました。宮澤は「大革命と共になによりも行政権を司法権の制約から解放しようとした。さうしなければ、革命的諸改革の実行が阻害されると考へたのである」と述べます。

帝政時代の運用では、元老院が「憲法の番人」となり、司法は行政の布告を変更し得ないとされます。宮澤は、この運用が変わる契機を一八一〇年八月三日の判例に見ます。市当局がキリスト教の安息日の休息を命じる布告を出し、違反者に科料を科したところ、司法最高裁が布告を違法とした判決です。

これを機に、警察命令に対しては司法裁判所が審査を行う判例が積み重ねられ、司法裁判所と行政裁判所の管轄の区別が徐々に慣例となったとして、宮澤は「司法裁判所と行政裁判所のいづれに審査させるのが妥当か」は、法治主義を前提とした権力分立の問題だと締めくくります。

フランスは普通の事件を扱う司法裁判所と行政裁判所を分けているのです。フランス憲政史の専門家である宮澤は当然、熟知しています。

戦前日本はフランスと同じく行政裁判制を採っていますから、比較しようとしたのです。とはいうものの、戦前日本には統治行為や裁量行為などのフランス型の運用はありません。

宮澤は趣味で研究していたのでしょうか。しかし、敗戦と憲法全面改正で宮澤の研究が突如として生かされます。

戦後、フランス型の行政裁判所制は廃止され、アメリカ型の一元的な裁判制度になりました。一元的裁判制度とは、何でもかんでも最後は最高裁に持ち込む制度のことです。

行政行為の合憲性は、アメリカ型を取る今の日本の場合、司法裁判所が唯一の司法機関ですから、裁判に先立って司法裁判所が判断を行う事柄になります。ここにフランス型の運用を適用してしまったのが現在の制度と運用です。

実は、日本国憲法が施行された後、日本が占領下にある間に、宮澤はGHQに対して憲法裁判所の分離を進言しています。日本国憲法で人権カタログが列挙されたことにより、違憲判断の必要性が増すため、アメリカ型の司法制度では人権侵害に対する十分な違憲審査を行える余地がないことをわかっているのです。

このほかにも、フランス憲法や違憲審査に関する論文があり、小林直樹によれば、宮澤の多くの研究成果が「戦後の統治行為をめぐる論議に重要な影響を及ぼした」（前掲「宮沢憲法学の軌跡」）といいます。

宮澤の研究は、量・質ともに十分な違憲審査を行うための研究材料としてではなく、いかに違憲審査をしなくて済むかの方法論として使われ、日本は建前で人権尊重を絶叫しながら、実は権力者がやりたい放題やるという国になっているのです。

宮澤は、こうした事態をわかっているということです。GHQに「これ駄目だよ」と言いに行くぐらいですから。

なんでもかんでも最高裁が扱うアメリカ型の最高裁の制度に、「よそでやってよ」というフランス型の理論を持ち込んだ。だから、こうなっているのです。

ナチスと「革命」

宮澤は、ドイツにも多大な関心を寄せています。そもそも、戦前の東大憲法学はドイツ憲法学を一通り習うのが普通でした。カール・ゲルバー、ポール・ラーバント、ゲオルグ・イェリネック、ハンス・ケルゼンなどが当時の学生の教養書でした。本屋の棚でも、外国憲法で圧倒的に多いのがドイツだったとか。それをイギリスや他の国の原書も置いてくれと、若い頃の宮澤は頼んだそうです。

戦間期のドイツは、憲法秩序がまったく安定しません。

一九一八年、第一次世界大戦で敗北し、帝政は廃止。共和国になります。ヴァイマールという場所で憲法を制定したので、ヴァイマール憲法と言われます。当時、世界で最も民主的な憲法と言われました。

しかし、条文がどんなに立派でも、運用が出鱈目では意味がありません。経済状態は、敗戦直後はハイパーインフレ。それが一時的にやんだと思ったら、一九二九年の世界大恐慌からはハイパーデフレに突入します。当然、治安も悪くなり、敗戦直後は右翼と左翼が街中で銃撃戦を行う始末。警察も軍隊も止める力がありませんから見て見ぬふりです。どころか、連中の武器は軍からの横流しという出鱈目ぶりです。

そうした中で勢力を伸ばしたのが、アドルフ・ヒトラー率いるナチス（正式名称：国家社会主義ドイツ労働者党）という政党です。ナチスは反対派の集会を、突撃隊と名付けた暴力団に妨害させるなど、鼻つまみ者の集団でした。しかし、ハイパーデフレの中、ドイツ人は荒《すさ》んでいましたから、ヒトラーの「戦争に負けたのはユダヤ人が裏切ったセイだ」のような過激な主張は受けたのです。

そして一九三三年一月、ドイツにナチ党のヒトラー政権が成立します。三月には全権委任法（正式名称：民族および国家の困難を除去するための法律）を成立させ、ナチ党独裁体制へひた走っていきます。民主的手続きによって一党独裁を実現しました。

この同時代を生きていた憲法学者の宮澤は、ナチス・ドイツの成立を「国民革命」と呼び、冷静に観察しています。

ファシズムの定義は戦後おかしくなりましたが、当時の宮澤は正確に摑んでいます。昭和十一（一九三六）年に中央公論社から出版された『転回期の政治』には、昭和八（一九三三）年からの論説が収録されています。ファシズムに関する文章が多数取り上げられ、宮澤の問題意識が窺えます。

次いで昭和八年の「民主政より独裁政へ」（『中央公論』一九三三年九月号）では、ヴァイマール憲法の停止について論じています。

宮澤は、ヴァイマール憲法を「十九世紀の人たちが理想としていた国家・政治形式の諸原理はほとんどすべてそこに実現せられている」と言うのですが、ではそれが「政治の現実の中において十分自己を維持しえただろうか」と疑問を投げかけます。

第一次世界大戦後のドイツ帝政崩壊を受けて制定されたヴァイマール憲法は、一九三三年三月二十三日、全権委任法によって、政府による広範な法律制定権を認め、四年間の期限で事実上停止されることになります。

宮澤は、独裁政を権威の独占と、批判者の存在を排除することと定義し、「英国人のいわゆる『陛下の反対党』の如きものはここでは思いもよらぬことでなくてはならぬ」としきます。野党が存在できる複数政党制がデモクラシーであって、政権与党以外の政党が存在できないのではデモクラシーではなく独裁です。

宮澤は、当時のドイツの政治学かつ公法学者であるカール・シュミットの独裁政の議論を参照しています。シュミットの「憲法を擁護するために、それを廃止することなしに、一時それを停止すること」という定義に対して、国法に基づいたものならば、独裁かどうかは「その憲法自体が独裁的であるかどうかによって定まる」と論じています。さらに、ローマはシーザーの出現をもって委任的独裁政ではなくなったとして、この当時行われている独裁は、国法によって正当化されないと定義付けます。ナチス・ドイツをはじめとするヨーロッパの独裁政が暫定的なものでなければ、絶対政と比較するのが適当なのではと結びます。

また、昭和十一（一九三六）年の「政党国家から政党独裁政へ」（『改造』一九三六年七月号）では、一政党による独裁について考察しています。一国家一政党に限られるには、その過程で他政党を弾圧排除し、言論の自由・結社の自由が制限されるのだから、「政党」の名を冠しているのは議会制の名残であるだけで、「そこで政権を掌握している『政党』―いわゆる『国家政党』（Staatspartei）―は実はもはや本来の意味における『政党』ではない」とします。例として挙げられているのが共産党のソ連、ファッショのイタリア、ナチスのドイツです。宮澤は左右の全体主義を同列に見ているのです。

注目は、これらの考察の前に発表された論文、昭和八（一九三三）年の「国民革命とドイッ憲法」（『国家学会雑誌』第四十七巻第九・十号、一九三三年九～十月）です。宮澤は、この論文で全権委任法について取り上げています。

宮澤は、全権委任法（授権法）の成立に着目し、

この法律はライヒ憲法第七六条の定める憲法改正手続によって成立した。だから、憲法所定の手続をもってすればいかなる改正も―どのような憲法の自己否定的・自殺的な改正も―適法になされうるとするアンシュッツ流の解釈によれば、これはきわめて適法な憲法改正であって、法律的には別に「革命」と呼ぶにも当らない。


と、憲法改正無限界説からの見方を述べます。

一方で、憲法改正限界説に立つ論者が「国家緊急権」を理由にしたり、この場合の「授権」は従米の「授権」とは本質的に異なるといったり、「単なる憲法改正と考えることを拒み」、「何とかしてその『革命的』性格を法律的に基礎づけようとしている」と指摘します。

最後は、

もし実定法の禁ずる方法にもとづく実定法の変更を法律上「革命」と呼ぶとするならば、この国民革命は法律的にはむしろひとつの合法的な憲法変更であるという方が適当かも知れぬ。

と結び、この議論を締めくくっています。

宮澤は、帝国憲法に関しても、日本国憲法に関しても、一貫して改正限界説に立っています。この時の議論は、日本国憲法の正当性にまつわる議論によく似ています。「八月革命説」の原型です。

すなわち、憲法には、いかなる憲法改正でも変えてはならない、原理がある（改正限界説）。もしそれを変えるような改正が行われれば、それは憲法改正ではなく、革命である、ということです。

ヴァイマール憲法自体は、改廃手続きによる正式な廃止はされていません。全権委任法の成立によって、通常の立法で形骸化されました。宮澤が「憲法典の改正手続きによらない憲法改正は革命だ」というのは、これが初出です。「八月革命」という言葉自体は、丸山眞男が言っていたのが最初だと言われますが、宮澤はその言葉を聞いて急に思いついたのではなく、中身はナチスの全権委任法の研究を通じて、すでに昭和八（一九三三）年には思いついていたということです。

ナチス・ドイツがやっていることは、右論文のさらに二か月前、「ドイツの国民革命とユダヤ人排斥立法」（『警察研究』第四巻七号、一九三三年七月）で分析しています。授権法が憲法停止法であること、四年の時限立法とはいえ一国一党の指導体制で、国民の名でユダヤ人が排斥されているのだから、まったく立憲主義がないと言っています。正確な観察です。

なお、ヒトラーとナチスはユダヤ人以外の人々も虐殺していきました。特に一九三八年の「水晶の夜」以降は歯止めが利かなくなり、ユダヤ人以外でもロマ人（いわゆるジプシー）などの敵対民族と看做した人たち、同じドイツ人でも身体障碍者《しんたいしょうがいしゃ》や同性愛者を「生きるに値しない命」などと殺しまくりました。ヴァイマール憲法でなくても、こんなことやっていい話ではありません。もはや「世界一民主的な憲法」など条文以外はどこにも残っていません。しかし、憲法典の条文が変わったわけではないのです。

これを宮澤は「革命」と表現しているのです。

この考え方は、イギリスの法制史家、フレデリック・メイトランドがヒントになっています。メイトランドはイギリス憲政史の超重要人物です。イギリスの社会的権威でもあるバリスター（法廷弁護士）の資格を持ち、ケンブリッジ大学でイギリス法を教授していました。法学者にして歴史学者、比較法学を通じて政治史、社会経済史の発展に大きな功績のあった人です。主著に『イギリス憲法史（The Constitutional History of England）』（一九〇八年）があり、宮澤は前出の「大陸に於ける英国憲法研究の先駆」でイギリス史をたどる中で、この本を参照しています。メイトランドが名誉革命を「法的意味での革命」としていることから、実力行使を伴わず、法律の手続きや慣例の変更で国家の根本原理が変わることに対して、宮澤も後々使っています。

ちなみに、イギリスで単に「革命」と言えば、クロムウェルが王様以下多くの人々を殺しまくった清教徒革命ではなく、名誉革命を指します。現実の名誉革命はまったくの無血革命ではなかったのですが、清教徒革命があまりにも悲惨だったので、無血革命であるかの如く扱われています。

それはさておき、ヒトラーの権力掌握以降、宮澤は「国民革命」という言葉を多用しています。『国家学会雑誌』（第五十二巻第三号、一九三八年三月）に掲載された土橋友四郎『ナチス独逸国の修正憲法』（錦松堂書店、一九三八年）への書評でも、ヴァイマール憲法について「ナチスの国民革命によつて死刑の宣告を与へられてしまつた」と、普通に使っています。「国民革命」という言葉自体はドイツ人も使っていたのですが、呼称だけではなく中身まで含めて、ほぼ宮澤の持説です。

「革命」というとフランス革命を想像するのが日本人の習性のようになっていますが、宮澤は「八月革命」の元祖として、ヒトラー革命を見ているのです。

この後も、宮澤のナチスとファシズムの分析は続きます。

昭和十三（一九三八）年の「ナチス・ドイツ憲法の生成」（『国家学会雑誌』第五十二巻六号）では、ナチス・ドイツの変容について、事実関係を正確に観察しています。「ライヒ代官法」により、連邦制から中央集権になったという点です。

これは事実で、ドイツは長らく地方分権どころか、別の国の集合体でした。それを破壊したのはドイツ史上、ヒトラーが最初で最後です。この事実をふまえて、宮澤は「憲法的立法」を重視します。憲法典の条文を変えなくても憲法（＝国のかたち）を変えていった事実に注目したのです。

宮澤は、形式的にはヴァイマール憲法は存在するけれども、既に廃棄されたものと考えられると評しています。

昭和十三（一九三八）年には、ナチスの内部粛清、いわゆる一九三四年の「長いナイフの夜」をもって、「司法権の掌握が確認できる」として、司法権の独立がドイツから失われたことも指摘しています（「指導者と指導者国家」『警察研究』第九巻三～五号、一九三八年）。この時粛清されたレームは突撃隊の隊長でヒトラーの親友でした。権力を握るまでは重宝しましたが、聞き分けがなくなったので粛清したのでした。もちろん裁判無しです。クルト・フォン・シュライヒャー元首相ら、かつてヒトラーと対立した多くの政治家も暗殺されました。裁判所は存在するのに、無きが如しです。

一応、ナチス時代も裁判制度はあり、建前上は司法権の独立が存在しています。しかし、裁判官の仕事は「検察官が起訴した被告人を諭し、改心させる」です。推定有罪です。仮に無罪判決を下しても、裁判所の外で秘密警察が待ち受けてリンチします。

宮澤は戦後もナチス・ドイツ時代に言及して、「ヒトラーが完全な独裁政治を行なうようになっても、ヴァイマール憲法が廃止されたわけではない。紙の上にはまだあるのですが、満身創痍、実は死んでしまったも同然です」（「たたかう民主主義者」、『潮』一九七〇年八月号）という言い方をしています。憲法の条文がそこに存在しようがしまいが、憲法が生きているかどうかは別の問題だという憲法観は、戦後も一貫しているのです。

宮澤からしたら、ヴァイマール憲法がヒトラーの国民革命によって殺されたように、帝国憲法もGHQに殺された以上、それは「革命」なのです。

何がすごいって、それをわかっていて、「革命のような素晴らしい状態が起きた」とプロパガンダしていることです。この場合のプロパガンダは、宣伝というより、「宣教」と訳した方がいいかもしれません。

宮澤の師匠の美濃部先生は、「革命とでも呼ぶしかない悲惨な事態が起きた」という立場の八月革命説でした。ところが宮澤は同じ「革命」の語を使いながら、「革命のような素晴らしい事態が起きた」と意味を一八〇度転回したのです。やっていることはナチスと同じだと自覚しながら。

日本国憲法がなぜ日本の最高法なのか。「八月革命説」は、それを積極的に説明できる唯一の説だとして通説になったのですが、だとすると日本国憲法の下の日本国は「ナチスに支配されたドイツのように素晴らしい国だ」という意味になります。

護憲派は宮澤説の上に憲法学を打ち立て、改憲派は邪悪な土台を攻めずに空虚な楼閣だけを批判していたことになります。見事に、宮澤におちょくられたということです。

改憲派が「なぜ日本国憲法を我が国の最高の法として認めねばならないのか」と批判する根拠に、GHQから押し付けられたからという「押し付け憲法論」があります。

これに対する宮澤の回答が、またまた人をおちょくっています。

宮澤は「日本国憲法おしつけ論について」(『ジュリスト』五二八号)という小論の中で、「GHQが天皇のパーソンを盾に脅迫した」という点について、あっさりと事実だと認めています。当事者の発言なので、それで事実関係に争いが生じようがありません。さらに護憲派にトドメを刺すがごとく、そもそも当時の日米が対等ではなかったとし、「日米合作説」も否定しています。それでいて、「押し付けられた憲法が歓迎すべき内容を含んでいないとは限らない」と話をそらして終わらせます。

宮澤の特徴は、事実関係をわかっていることです。それでいて攻撃をかわすのみならず他人を洗脳するのですから、超一流の詐欺師です。いわば、一億人を支配できた麻原彰晃のようなものです。

なお、「どのように成立したかではなく、どのような内容なのかが重要だ」というのは、宮澤が日本国憲法の正当性を主張する柱となっていて、後々まで言及しています。小林直樹との対談でも、「戦後の憲法がいい、悪いといっても結局各個人の政治観にもとづく、評価の問題です。私に言わせれば、明治憲法に比較すれば問題にならないくらい戦後の憲法のほうがいい」（毎日新聞社編『昭和思想史への証言』毎日新聞社、一九七二年）と言い切っています。

また、宮澤は日本国憲法が総力戦の敗北によるものだと、よくわかっているのです。昭和十五（一九四〇）年七月に書かれた「戦争と平和」（『改造』第二十二巻十三号、『東と西』春秋社松柏館、一九四三年）では、第一次世界大戦のヴェルサイユ条約を批判しています。「形式は合意でも、実は勝者が敗者に一方的に押しつけた命令である。だからこそ、ドイツ人はこれをヴェルサイユの命令（Diktat）と呼んでいる」のです。また、バートランド・ラッセルが世界平和の確立のためには、国際連盟や安全保障よりも、イギリスを弱小国にしてしまうことだと唱えたのに対して、「この案はいわば国家の自主独立を犠牲にしてその価で平和を購おうというのであり、かりにその方法で真に平和が購い得られるとしても、そうした価を払うことは国家としてはいうまでもなく自殺に等しい行為」として、「真の国際平和が実際においては実現不能であることを証明している」と評しています。

戦時中の発言なので宮澤の生涯でも珍しく勇ましい調子ですが、それにしても総力戦の本質を捉えています。

総力戦とは、「国家の総力を挙げて戦うこと」ではなく、「相手の総力を潰すこと」です。

二つの世界大戦の特徴は、戦勝国が敗戦国の政治体制をつくり変えてしまうことです。大国ながら滅び憲法が変わってしまった国として、第一次大戦のドイツ帝国とハプスブルク帝国、第二次大戦の第三共和政フランスとナチス・ドイツ、そして大日本帝国が挙げられます。第一次大戦でオスマントルコ帝国は滅ぼされましたし、第二次大戦で東欧諸国はソ連の衛星国にされ王政の国は一つもなくなりました。

実際に、日本の敗戦後、GHQの占領政策は、日本の歴史を裏付けとした社会の根本を変える意図で行われています。

宮澤は、日本国憲法を「負けいくさの子」と表現しました（「科学の価値」『世界』二五九号、一九六七年六月）。第一次世界大戦の敗戦でドイツが総力戦に敗北した結果、実行不可能な賠償を課せられたことも見ていますし、国家が自主独立を失うことの意味がわかっていて、なお日本国憲法の正当性を主張したのです。

戦時中の言論

日本が中国での軍事行動を皮切りに、大東亜戦争の敗戦へと向かう間の宮澤の言説は、当初は時局を冷静に観察し、後年に「時流迎合的」と評される方向へ転換します。

宮澤の時局の分析と見通しは、きわめて正確です。

昭和十一（一九三六）年の二・二六事件で高橋是清《たかはしこれきよ》蔵相が殺害され、総辞職した岡田啓介内閣の後継として広田弘毅《ひろたこうき》外相が組閣します。しかし、組閣の最中から陸軍大臣予定者の寺内寿一《てらうちひさいち》が人事に容喙し、それも実は格下の軍務局高級課員（課長補佐のようなもの）の武藤章にいいように使われていたというデタラメぶりです。干渉される広田首相も無力ならば、干渉する寺内陸相も「部下のパシリ」という体たらくです。そんな広田内閣を取り仕切ったのは、馬場鍈一《ばばえいいち》蔵相です。

馬場はそれまで前任高橋蔵相の下で軍事費抑制に動いていた局長を一斉に左遷し、準戦時体制に移行します。軍事費以外の予算を徹底削減する方針を打ち出しました。呼応した陸海軍は帝国国防方針を約三十年ぶりに大改定します。日露戦争に勝利したのち、陸軍はロシア（ソ連）、海軍はアメリカを仮想敵にしていました。別に本気で戦争をしたいわけではなく、予算獲得上の作文です。中国情勢の緊張で、陸軍は支那（中華民国）を仮想敵に加えます。そうなると海軍も陸軍にだけ予算を渡す訳にはいきません。対抗上、イギリスを仮想敵にします。「支那の背後にはイギリスがいる」とか何とか、もっともらしい言い分を並べて。結果、ソ英米の三大国を含む周辺四か国すべてを敵に回す体制が出来上がりました。そのためにあらゆる手段を使って財源をひねり出すのですが、結局は恒久増税に行きつきます。以上は、大蔵省の公式記録『大蔵省史』で筆誅《ひっちゅう》を加えられている史実です。

ちなみに、以上は「準」戦時体制です。

こうした情勢を宮澤は正確に、しかしニヒルに観察しています。昭和十二（一九三七）年二月一日、雑誌『改造』は「広田内閣の審判」を掲載します。当時の広田弘毅内閣に対する時事評論特集です。宮澤は「政局の行方」という論稿を寄せています。

膨大な予算といひ、長期的な増税といひ、それらに必然に伴ふ物価騰貴といひ、それをもたらしたものは決して単に一人の大蔵大臣ではない。いや、陸軍大臣ですらない。それはむしろそれらの背後にあつてここ数年来わが国の実際政治を動かしているひとつの社会的・政治的な力である。その力はすなはち軍部だとしばしば考へられるが、それは――むろん非常な間違ひといふことはできぬが――正確とはいへない。むしろそれは軍部とか官僚とかいふものよりもつと根強い歴史的な力である。（……中略……）現内閣が二・二六事件によつて生れ、「自由主義」排斥の要望を容れて成立したものであり、しかもこの議会に提出されたやうな厖大《ぼうだい》な予算を編成し、そのために増税を実行し、さらにその結果としては物価騰貴をもたらすことがまさにその組閣の使命だとすら考へられる以上、それが右にのべたやうな力の故にとる態度については疑ひもない。それに対して少しでも抵抗がましい態度に出ようなどとは予想もできない。

（「政局の行方」『改造』第十九巻第二号、一九三七年二月一日）

そして、一内閣が変わったところで、この歴史の流れは変わらない、ましてや個々の閣僚の進退など問題にしても仕方がない、と記事が終わります。現代の目から見たような評論です。

広田内閣は、予算をめぐり衆議院と対立し、「腹切り問答」と呼ばれる質疑で紛糾して、総辞職に至りました。衆議院・陸軍・海軍の三つ巴の中で、首相の広田が何も決断できなかったからです。

後継には、予備役陸軍大将の宇垣一成《うがきかずしげ》に大命降下しますが、陸軍の反発が強く、首相奏薦権を握る内大臣の湯浅倉平も役に立たず、組閣不能により流産内閣となりました。陸軍の中堅層は、バカな上司が大臣の方が都合良いのです。寺内寿一のように部下のパシリをやってくれる大臣など最高です。それが、陸軍OBで当事者能力が高い大先輩の宇垣などに来られては、やりたい放題ができなくなります。だから、あらゆる手段を使って組閣を阻止したのです。

しかし、広田内閣で成立しなかった予算の通過は、陸軍にとって至上命題です。流れてもらっては困ります。そこで、部下たちの声望の高い（つまりアホの）林銑十郎陸軍大臣が、首相となります。あだ名は「何《なん》もせん十郎」です。

林は予算を通すまで衆議院に平身低頭で接します。そして、無事に予算が可決した途端に「懲罰だ！」と言って突然議会を解散しました。予算だけ通過させて解散したので、「食い逃げ解散」といわれます。しかし、内閣を支持する新党が現れてくる訳ではありません。解散したところで、政友会と民政党が二大政党なのは変わりません。

宮澤は政局の展望として、「解散と新政党」（『中央公論』一九三七年五月一日）に「政府が拱手傍観《きょうしゅぼうかん》積極的に政党に対してなんら働きかけぬ（中略）場合は総選挙の結果はいまとあまり違はぬ政党的分野を新議会にもたらすことであらう。無産党は―選挙技術さへ誤らなければ―相当議員の数を増やすにちがひない。しかし、大勢を支配するものは依然として政民両党であらう」と書いていて、実際にその通りに政局が動いていきます。

選挙後には、「総選挙の結果には政府のかやうな態度に対する反対の意向がありありとあらはれていた。去年二・二六事件の直前に行はれた総選挙でも反ファショといふ大衆の意向がかなり明瞭に看取せられたとおもはれるが、今度の総選挙でも大衆の意向はそれに劣らずはつきりと表現せられていたといへよう」と観察していました（「政変の後」『財政経済時報』第二十四巻第七号、一九三七年七月一日）。

そして予想通り、林は大敗します。政民両党の圧倒的多数は変わりません。林内閣は、再解散に打って出ようとします。さすがに政友会と民政党の幹事長が会談し、その瞬間に林内閣は総辞職となりました。宮澤は政治論で、「国民の公正なる良心に訴へ、是非を天下に問ふといつて（中略）解散を奏請しておきながら、総選挙の結果が反政府的なら再び解散を奏請するといふのでは『国民の公正なる良心に訴へ』るとか、『是非を天下に問』ふとかいふ文句が嘘になつてしまふ」と述べています（「政変の後」）。「一度解散して負けたら総辞職せよ」ということです。

帝国議会ができてから、選挙で負けて再解散した内閣はないという慣例が積み重ねられています。予算は通っているものの、再解散などすれば法律は一本も通らなくなるので、政権は維持できません。結果的に総辞職しました。宮澤は、「(憲法に反するような)クーデターに等しい再解散をしなかったのは、せめてものことだった」と述べています。

林内閣に代わって登場した近衛内閣は、世論も議会も大歓迎しました。しかし、宮澤は熱狂とは無縁です。林内閣が酷《ひど》すぎたから良さそうに見えることや、近衛内閣の前途多難を述べています。

昭和十二(一九三七)年前半の見通しだけでなく、昭和二十(一九四五)年まで続く事柄も予測の通りで、宮澤が時流を読むことに長けた人であることは間違いないと言えます。

近衛内閣の登場以来、すでに挙国一致を目的とした近衛新党の構想はされていました。ナチス・ドイツ成立頃のファシズムに対する宮澤の分析と見解は、前節の通りですが、戦時中にはどのように見ていたかというと、基本的には変わりません。

政党独裁政でも現代独裁政の元祖と考へられるロシヤのボルシェヴィズムはプロレタリヤ的な政党独裁政であり、これに対立するファシズムはブルジョワ的な政党独裁政だと説かれているが、(中略)ブルジョワ的といはれる政党独裁政が案外その政治の現実において、（中略）社会主義的な方向に政治を推しすすめるやうなことはないだらうか。

（「政党独裁政」『警察研究』第八巻第八号、一九三七年八月）

宮澤は、重要なのは政党独裁の成立が革命だろうと、合法的手段だろうと、「常に従来の議会政との完全な絶縁を意味する」と言い、また「ボルシェヴィズムもファシズムも、同じように国際連盟の敵である」と断じます。学問の自由の阻害はもちろんのこと、「意識的に自由主義に対立せしめられる全体国家の理念そのものがすでに必然的に経済の国家化といふ結論をもたらす」と、統制経済に言及します。プロレタリヤ的政党独裁は最初から国家社会主義ですが、ブルジョワ的政党独裁がいかに国家資本主義と言っていても、完成すれば国家社会主義と区別がつかない、と言います。そうであるならば、国家社会主義を営むのは、プロレタリヤよりもブルジョワジーの方が技術的見地からは適任ではないかと言ってのけて、この論文が提出された公法国際協会で議論を呼んだといいます。

昭和十二（一九三七）年前半は天皇機関説が収束間もない頃で、宮澤は一貫して客観的な事実と見通ししか述べていない時期です。リベラル色も抑えられているものの、後のような体制迎合的な言説もまだ見られません。

劇的に変わるのは、昭和十二（一九三七）年七月七日、盧溝橋事件が始まった後の論稿です。支那事変を契機に、準戦時体制が戦時体制になっていき、世論が「暴支膺懲《ぼうしようちょう》だ！」と沸きます。現地の日本軍は、戦闘では連戦連勝なのですが、軍も政府も誰もやめる見通しを持っていません。

近衛内閣からして、支那事変の戦争目的が「暴支膺懲」なのです。昭和十二（一九三七）年七月十一日午後八時、現地司令官どうしによって停戦協定に調印された日の近衛首相の見解は、次の通りです。

朝：軍事的に大きな一撃を加える。閣議で増派決定。不拡大方針と現地解決を確認。目的は、国内で徒《いたずら》に対支強硬運動が起こらないようにし、同時に蔣介石《しょうかいせき》らに近衛内閣の対支政策が国民から支持されていることを見せつけるためです。側近の風見章の進言です。

昼：昭和天皇に派兵を上奏（兵の増派と予算三億円）。目的は、和平のためとしています。

夜：言論界・政財界の要人を集めて強硬論。挙国一致の協力を要請。目的は、中国に反省を求めるためとしました。平和交渉のためにやむを得ないとします。

このような調子で、支那事変は拡大の一途を辿るのですが、この年の年末、宮澤は「大本営の設置と内閣制度の改革」（『中央公論』一九三七年十二月一日）という論稿を発表します。それには、この数年の間に日本が急速にファシズム化したとか、逆にファシズム的勢力が退潮しているとか言う者もいるだろうが、「準戦時体制から戦時体制に入つた今日においては、もはやその点について多くの異る見解はなささうにおもはれる」とあります。

続いて、平時は個人の権利を守るのが立憲主義だけれども、「戦時においては、さういふ目的は——少くともひとまづ——第二次的なものとして取扱はれる。そこで前景にあらはれるものはなにより戦争の勝利である」と宣言します。そこで必要なのが「行政府をできるだけ立法府のコントロールから自由ならしめる」ことで、内閣機能の強化に言及します。

この十月に、臨時に内閣の諮問機関の内閣参議が設置されています。実際には謳われたほどの指導力強化にならなかったのですが、宮澤は「内閣参議制度がなにより内閣の強化に役立つであらうことは明瞭である」とまで言い切っています。そして、内閣参議よりも役立つであろうものが大本営だ、と力強い語調で書いています。

以後、政府（主に陸軍）が自分でも違憲だと自覚しているような国家総動員法や大政翼賛会、陸軍大臣の参謀総長就任などを絶賛し、正論を訴える佐々木惣一先生に茶々を入れる役回りを演じることになります。

そういう人として卑怯な生き方をしていながらも、学者としては見るべき業績を残しているのですから、単なる卑劣漢ではなく、極悪人と呼ぶのがふさわしいでしょう。

吉野を徹底利用。美濃部の美化だけではない

敗戦の一年ほど前の話ですが、宮澤は政治家の芦田均の訪問を受けています。宮澤の回顧によると、昭和十九（一九四四）年九月頃のことで、芦田の話は「近いうちに戦争に負けるから、その後の問題を研究してくれ」ということで、戦争責任者の問題や天皇退位の問題が伝えられたといいます。

宮澤は研究を約して別れたものの、そうすぐに降参するとも思われなかったし、家を焼かれて大変だったしと、本気で研究しないままそれっきりになったとか（「八月十五日を想う」『憲法と天皇』東京大学出版会、一九六九年）。なんだかやる気のなさがうかがえます。

天皇機関説事件、昭和十二（一九三七）年前半の三度の政変、盧溝橋事件以後の戦時体制、とどこか居心地の悪さを感じているように思えます。そう考えると、戦後に松本烝治を裏切り、日本国憲法の「神」になっていく過程で解放感を感じたというのは、不思議で

はないでしょう。

日本はポツダム宣言を受諾し、幅を利かせていた軍人はいなくなります。代わりに進駐軍がやってきました。宮澤は時流を見極めています。時流を完全に見切ってから、松本を裏切り、占領軍に媚びています。むしろ、占領軍をリードしているようなところもあります。

たとえば、マッカーサー自身は天皇を「Symbol」としたのは決して軽い意味ではなく、イギリスのような国家元首たれとの意味でした。それを「ロボット」に叩き落としたのは宮澤です。いつの間にか占領軍のケーディスあたりは、「天皇は内閣の下にある！　それが民主主義だ！」などと言い出す始末です。ケーディスも最初はマッカーサーと同じ考えだったのに。

宮澤は民主化の波に乗って、見事に日本国憲法の制憲者の地位を手に入れました。その過程で、師匠の美濃部だけでなく、故・吉野作造をこれでもかと持ち上げています。

宮澤は、美濃部達吉だけではなく、吉野作造の名前も持ち出します。吉野を「ポツダム宣言は吉野先生の言う通り」だの「憲政の常道は八月革命で実現した」だのと訳のわからないことをほざいた「吉野先生とその民主政治論」は『新生』一九四六年五月　日号の掲載です。

同日付で宮澤は「八月革命と国民主権主義」（『世界文化』第一巻四号）を発表しています。八月革命の初出です。

さらに、新憲法の教材として文部省が発行した『あたらしい憲法のはなし』（一九四七年）では、帝国憲法下で民主政治の実現のために働いた功労者として吉野や美濃部達吉を挙げます。死人に口なし。手の込んだことです。

現在、九条の会あたりのパヨク団体が吉野作造を持ち上げています。それに対してアホシュが「吉野作造なんか左翼だ！」と決めつけます。根拠は「パヨクが褒めているから」なのですが、その根源は宮澤が自分を民主化のチャンピオンに祭り上げるのに、吉野を利用したからです。

宮澤は今の東大憲法学を信奉する護憲派から、「戦前を引きずっていた」と評価されています。その根幹は、憲法典の条文解釈が唯一絶対ではないという姿勢でしょう。そもそも、憲法典の条文など、憲法の一部に過ぎないと看做しています。その発想は生涯にわたり変わりませんでした。日本の憲政史を踏まえ、さらに仏英独米のそれぞれの国の憲政史にも詳しい人でした。今日の視点から見てもかなり正確な知識です。憲法を、歴史やそれぞれの国の憲政史を踏まえた外国法との比較により考察し、自己の法哲学を形成。アシベ以降の、条文と睨めっこして自分の狭い脳内で考えた屁理屈をこねくり回すような姿勢は皆無です。

しかも、幅広い知識があります。アメリカ憲法にはほとんど言及しませんでしたが、若い頃からフランス憲法に次いで研究しています。時局認識も正確で、経済問題などもわかっています。他にも、ドミニク修道会やユーゴの民族問題などに言及するなど、幅広い教養がうかがい知れます。

確かに、言動は変節しているのですが、憲法観はかなりの部分で一貫しています。宮澤を思想と言動が一貫した学者とは認められないですが、単なる「変節」とも片づけられないのです。

そもそも、言動は変えられても、知識や発想は捨てようと思っても捨てられるものではありません。そんな簡単に別人物にはなれないものです。

むしろ、宮澤は戦前から知の巨人であり、日本中のあらゆる真人間を騙しとおすほど本性を隠し通し、戦後に「東大憲法学」というカルト宗教を構築、今に至るまで影響力を及ぼしていると認識すべきではないでしょうか。

私は本気で戦後レジームを打破したいと思います。戦後レジームとは、日本を敗戦国のままにさせる体制、日本国憲法体制です。しかし、日本国憲法の条文を少しくらい変えたところで、日本が敗戦国から抜け出せるとは思いません。

そもそも、日本国憲法を日本の憲法のすべてだと思った時点で、宮澤の罠に初手から嵌《は ま》っています。

日本国憲法制定以来、「日本が敗戦国のままじゃイヤだ！」と思う勢力は負けっぱなし、しかも完敗です。それは頭の質で負けているからです。

では、どうやったら勝てるか？

勉強して賢くなるしかありません。せめて、宮澤俊義よりは。

しかし、宮澤の悪魔のような知性に勝てるようになっていれば、今の劣化した東大憲法学など風の前の塵《ちり》に同じでしょう。

本気で勝ちたいと思うなら、本気で勉強するしかありません。

本書は、その先駆けのつもりで書きました。

おわりに～宮澤俊義は不滅なのか？

神なき知育は知恵ある悪魔をつくることとなり

玉川学園の碑文です。まさに、宮澤俊義のためにあるような言葉です。

本書で縷々《るる》詳述したように、宮澤俊義は単なる変節漢でも小悪党でもありません。極悪人です。師匠の美濃部達吉も、論敵の佐々木惣一も、宮澤がここまでの大悪魔だったとは、思いもよらなかったでしょう。戦前戦中を通じて、あらゆる真人間を騙《だま》しきりました。まさに、悪い奴は天使の顔をして心で爪を研いでいる、です。戦後の東大法学部を代表する三悪人と言えば、他に政治学の丸山眞男と国際法の横田喜三郎が挙げられますが、二人とは格が違います。また、憲法学で後継者の地位にある芦部信喜など、宮澤が何を考えていたか、死ぬまで理解できなかったでしょう。アシベ憲法学は、宮澤の枠内で劣化コピーを再生産し続けているにすぎません。

日本はいまだに敗戦国のままです。なぜか。当たり前ですが、戦争に負けたからです。しかし、敗戦から立ち直った国など、古今東西いくらでもあります。確かに、GHQによる占領は七年もの長期にわたり、これでもかというくらい国のかたちを破壊されました。特に、国のかたちを決める憲法を押し付けてきました。日本国憲法です。

そんな日本国憲法を、いまだに日本人は後生大事に押しいただいている。もはやGHQの方が跡形もないのに、日本国憲法は誤植も含めて一字一句変えずに残っています。天皇の国事行為を定めた憲法七条四号には、「国会議員の総選挙の施行を公示すること」とあります。衆議院は解散されると必ず総選挙をしますが、参議院は三年ごとに半数の改選です。だから国会議員の「総」選挙はありえないのですから、この一文字は誤植です。この事実すら、ほとんどの日本人は知らないのではないでしょうか。

日本国憲法をいただく体制を戦後民主主義、日本を敗戦国のままにさせる体制を戦後レジームと呼びます。GHQがいなくなってからでも六十七年、日本国憲法を頂点とする戦後レジームに、かすり傷一つついていません。この体制の教祖が宮澤俊義です。ダグラス・マッカーサーなど、宮澤が祭り上げた偶像にすぎません。東大法学部、内閣法制局、財務省主計局、マスコミ……。日本の〝エリート〟の頭の構造はここにあったのです。

本来のエリートとは、己の命よりも責任が重いという意思がある人のことです。ところが敗戦以来の日本の〝エリート〟にはその意思がない。彼らは、真のエリートではないからです。幕末もそうでした。江戸の泰平を貪《むさぼ》った旗本八万騎は、何の役にも立ちませんでした。本当に国の危機を救ったのは、市井の知識人であり、名もなき下級武士たちでした。いかに権威や知識、地位や権力があろうと、本気で国の為に勉強し、行動する者だけが日本を救ってきたのです。

本書では宮澤を素材に、日本の〝似非《えせ》エリート〟の心理構造にメスをあて、その卑怯者《ひきょうもの》根性を暴きました。あえて宮澤を選んだのは、この人物が恐ろしい勉強量と知識を誇っていたからです。宮澤が作った体制を打倒するには、宮澤の仕掛けた罠《わな》を見破らねばならないのです。

本書を読んだ読者の皆さんが、この本からヒントを見つけ出し、一人でも多くの方が行動してくだされば幸いです。

宮澤自身が教えてくれています。「憲法とは憲法典のことではない。憲法典の条文よりも憲法附属法、法律よりも国民の精神」だと。宮澤は正論を言う悪魔です。ならば、その武器を使って倒せばいいのです。奴らとて、不滅ではないのですから。

本書は、倉山工房の細野千春さんと二人三脚でつくったようなものだ。ちょうど「昭和

12年学会」で約十年ぶりに学者として現役復帰するのに「昭和十二年の宮澤俊義」との題材を選んだ。細野さんは、よきスパーリングパートナーとなってくれた。

研究とリサーチでは、倉山工房や倉山塾などで私を支えてくれている八尋滋さんにも助けていただいた。その八尋さんが所属しているしがく総研（株式会社キャリアコンサルティング）の若い人にも、助けていただいた。社会人と学生さんなので倉山塾でのハンドルネームでの紹介になるが、ノンキャリさんとだーくろさんには特に感謝したい。

また、担当の本間肇さんには、ギリギリまで原稿を待っていただき、勇気が出る励ましをいただいた。世の十連休と無関係な生活を強いたのは、伏して詫《わ》びるしかない。

仲間全員に感謝して、筆をおく。

【著者プロフィール】
倉山満（くらやま・みつる）
1973年、香川県生まれ。憲政史研究家。中央大学文学部史学科国史学専攻卒業後、同大学院博士前期課程を修了。在学中より国士舘大学日本政教研究所非常勤研究員を務め、2015年まで日本国憲法を教える。現在、ブログ「倉山満の砦」やコンテンツ配信サービス「倉山塾」やインターネット番組「チャンネルくらら」などで積極的に言論活動を行っている。著書に、『バカよさらば　プロパガンダで読み解く日本の真実』（ワニブックス）、『2時間でわかる政治経済のルール』（講談社）、『並べて学べば面白すぎる　世界史と日本史上』（KADOKAWA）、『明治天皇の世界史』（PHP研究所）、『日本史上最高の英雄　大久保利通』（徳間書店）、『国民が知らない　上皇の日本史』（祥伝社）、『嘘だらけの日独近現代史』（扶桑社）、『【新装版】世界の歴史はウソばかり』『面白いけど笑ってはいけない！（国民の敵はここにいる）』『悲しいサヨクにご用心！』(ビジネス社)など多数ある。

●編集協力／倉山工房

東大法学部という洗脳

2019年6月1日　第1刷発行

著　者　倉山　満
発行者　唐津　隆
発行所　株式会社ビジネス社
〒162－0805　東京都新宿区矢来町114番地
神楽坂高橋ビル5F
電話　03－5227－1602　FAX 03－5227－1603
URL　http://www.business-sha.co.jp/

〈カバーデザイン〉常松靖史（チューン）
〈本文DTP〉メディアタブレット
〈印刷・製本〉モリモト印刷株式会社
〈編集担当〉本間肇〈営業担当〉山口健志

ISBN978-4-8284-2101-8